Heinrich Hansjakob

**Der Waldshuter Krieg vom Jahre 1468**

Zur vierhundertjährigen Erinnerung

Heinrich Hansjakob

**Der Waldshuter Krieg vom Jahre 1468**
*Zur vierhundertjährigen Erinnerung*

ISBN/EAN: 9783744634861

Hergestellt in Europa, USA, Kanada, Australien, Japan

Cover: Foto ©ninafisch / pixelio.de

Weitere Bücher finden Sie auf **www.hansebooks.com**

# Der Waldshuter Krieg

vom

## Jahre 1468.

Zur

### vierhundertjährigen Erinnerung

untersucht und dargestellt

von

**Dr. Heinrich Hansjakob,**

geistl. Vorstand der höheren Bürgerschule in Waldshut.

Mit urkundlichen Beilagen.

Waldshut.

Druck und Verlag von Heinrich Zimmermann.

**1868.**

Auf der Kirchenversammlung zu Constanz war 1415 der Herzog Friedrich von Oesterreich, der Herr von Tyrol und der österreichischen Vorlande, in des Reiches Acht und Bann gethan worden, weil er für den vom Concil entthronten Papst Johann XXIII. die Waffen ergriffen hatte. Um den mächtigen Herzog zu bewältigen, hatte Kaiser Sigismund, der als Luxemburger eine Schwächung der österreichischen Hausmacht gerne sah, die Schweizer zu Hülfe gerufen und ihnen den ewigen Pfandlehenbesitz aller österreichischen Lande versprochen, die sie erobern würden, „zu Handen des Reiches".[1]

Zwar hatten die Schweizer erst drei Jahre zuvor dem Herzoge einen fünfzigjährigen Frieden geschworen, und wollten darum die Waldstätte und mit ihnen Zürich nichts von einem Zug gegen Oesterreich wissen. Doch als Bern, stets gierig nach Eroberungen, den Schwur brach und rasch zugriff, wollten auch jene diesem die Beute nicht allein gönnen, und schlugen ebenfalls gegen Oesterreich los. Schnell war das alte Habsburgische Land unterworfen — das Schloß Habsburg niedergebrannt, und ebenso der Stein zu Baden, das prachtvolle Schloß des Herzogs Friedrich. Der ganze Aargau kam in die Hände der Eidgenossen, namentlich Berns. Machtlos hatte der Herzog zusehen müssen, da die meisten seiner lehenspflichtigen Ritter von ihm ab und dem Concil zugefallen waren, und er kam nie mehr zu den ihm entrissenen Ländereien. Er starb am 24. März 1439 und hinterließ als einzigen Erben einen unmündigen Sohn, Sigismund, geb. 1427. Seine Vormünder wurden seine beiden Vettern, die Herzoge Friedrich und Albrecht von Oesterreich, von denen der erstere für ihn Tyrol, der letztere das Elsaß, den Sundgau, das Breisgau, den Schwarzwald, Thurgau und Hegau regierte.

Friedrich, bald darauf Kaiser geworden, suchte, sowohl im Interesse Sigismunds, als der österreichischen Hausmacht überhaupt, den Eidgenossen die dem Herzog Friedrich abgenommenen Länder wieder zu entreißen. Er benützte einen Streit Zürichs mit den andern Eidgenossen, wegen Ansprüchen auf einen Theil Toggenburgs und zog den Zürchern zu Hilfe. Als er aber mit seinen eigenen Leuten nichts ausrichtete, rief er in unedler Weise einen Schwarm französischer Söldner, die Armagnaken, in's Land, denen jedoch der Heldentod der Schweizer bei St. Jakob 1444 die Grenzen wies. Nachmals wurden die Oesterreicher geschlagen bei Ragaz 1446,[2] worauf Zürich

---

[1] Tschudi. Chron. Helv. 2, 13. ff. v. Müller, Geschichte der Schweizer Eidgenossenschaft. 3, 51. ff.
[2] Am Tage des hl. Fribolin (6. März), den die Schweizer auf ihren Bannern führten. „St. Fribolin und Gott mit uns" war ihr Feldgeschrei. Müller 4, 150.

1*

Frieden machte und dem Bunde mit Oesterreich entsagte. Wenige Tage nach der Schlacht bei Ragaz hatten sich jedoch auf Kaiser Friedrichs Aufforderung hin der Markgraf Jakob von Baden, die Grafen Ludwig und Ulrich von Württemberg und die Ritter des Hegaues in Tübingen versammelt und einen Zug gegen die Eidgenossen beschlossen;[1]) indeß der Kleinkrieg des österreichischen Adels mit den Eidgenossen immer fortwüthete. Jetzt suchte Pfalzgraf Ludwig vom Rhein zu vermitteln und erreichte auf einem Tage zu Constanz,[2]) daß die Schweizer mit dem Herzoge überein kamen, dem Rathe der Stadt Ulm die Entscheidung ihrer Streitigkeiten zu überlassen. Von jetzt ab begannen lange Verhandlungen von einem Schledsgericht zum andern,[3]) bis endlich die Sache ganz einschlief. Die Habsburger Ländereien und namentlich das Aargau blieben wie vordem bei Bern, aber deßhalb auch stete Spannungen zwischen den Eidgenossen und den Herzogen von Oesterreich beziehungsweise ihren abeligen Lehensleuten in den Vorlanden; Spannungen, die namentlich im Mühlhauser und dem unmittelbar damit zusammenhängenden und von uns zu beschreibenden Walbshuter Krieg zum heftigsten Ausbruche kamen.

Bald nach jenen fruchtlosen Verhandlungen begann ein neuer Streit zwischen Oesterreich und den Eidgenossen durch den Eintritt Schaffhausens in den Schweizerbund; ein Ereigniß, das enge mit unserem Kriege zusammenhängt und darum näher zu besprechen ist.

Schaffhausen war bis auf Kaiser Sigismunds Zeit Pfand der Herzoge von Oesterreich vom Reiche gewesen. Als Herzog Friedrich der Reichsacht verfiel, und der Kaiser die von Schaffhausen aufforderte, zum Reiche zu halten, beschlossen sie, dem Kaiser die Pfandsumme auszuzahlen und zum Reiche zu schwören; worauf Sigismund die Stadt wieder in's Reich aufnahm und sie für unveräußerlich erklärte.[4]) Zwar hatte Sigismund später, nach seiner Aussöhnung mit dem Hause Oesterreich, die Schaffhauser aufgefordert, wieder unter die alte Herrschaft zurückzutreten, aber vergeblich. Da kamen um das Jahr 1449 die Schaffhauser in die Reichsacht; sie hatten die Burg Balm,[5]) auf der die Gräfin Ursula von Sulz und ihre Söhne saßen, weil letztere Kaufleute von Ulm niedergeworfen und beraubt

---

[1]) 1446. März. 10. Sattler Geschichte v. Württemberg 3, 125. Lichnowsky Geschichte des Hauses Habsburg 6, 67.
[2]) 1446. Juni 7. Regest bei Lichnowsky 6, CXI.
[3]) Bei Müller 4, 158. ff. sind die langen Verhandlungen erzählt.
[4]) Müller 3, 45 und 4, 471 ff. Daß Sigismund, der stets Geldbedürftige, damals die Summe dem Herzog Friedrich nicht ausbezahlte, springt in die Augen; weßhalb die Herzoge von Oesterreich später Rückkehr unter ihre Herrschaft mit Recht verlangten. Daß aber die von Schaffhausen die Pfandsumme bezahlt hatten, geht deutlich aus Müller 3, 46 hervor. Somit waren auch sie im Rechte.
[5]) Sie lag anderthalb Stunden südwestlich von Schaffhausen.

hatten, überfallen und niedergebrannt, die Gräfin und ihre Söhne aber nach Schaffhausen abgeführt. In Freiheit gesetzt brachte die Gräfin des Reiches Acht und Bann über die muthigen Städter, und das kaiserliche Kammergericht verurtheilte diese zu 8200 Gulden Entschädigung an jene.[1]) Diese Verlegenheit benützte Kaiser Friedrich, um die Stadt wieder an sein Haus zu bringen und forderte[2]) sie auf, unter Oesterreich zurückzutreten und seinem Bruder Albrecht zu huldigen. Jetzt einigten sich die Schaffhauser, nicht gewillt, dem Befehle des Kaisers nachzukommen, schnell mit der Gräfin von Sulz, um die Reichsacht und das Recht des Kaisers gegen sie einzuschreiten, aufzuheben, bezahlten jener und ihren Söhnen 10,500 Gulden[3]) gegen die Zusage, Balm nie wieder aufzubauen und verweigerten um so nachhaltiger dem Herzoge Albrecht die Huldigung. Da sandten von Herzog Albrechts wegen ihre Fehdebriefe[4]) die Markgrafen von Brandenburg und Baden, die Grafen von Fürstenberg, Württemberg und Thierstein, die Ritter von Mörsperg, Hallwil, Landenberg, Ribegg u. a. und die Städte Freiburg i. B. und Villingen. Unterhandlungen begannen, geleitet von den Bischöfen von Würzburg und Chiemsee, dem Pfalzgrafen Friedrich und dem Grafen Hesse von Leiningen, die Entscheidung jedoch ward bei Waffenruhe hinausgeschoben bis zum Jahre 1454. Da griff der Mann ein, der auch die Entscheidung vor Walbshut herbeiführte, es ist der Ritter Bilgeri von Heudorf.

Bilgeri (Pelegrin) stammte aus dem Hegau'schen Rittergeschlechte von Heudorf, das von Oesterreich zahlreiche Lehen trug.[5]) Er war mit beim Krönungszug des Kaisers nach Rom im Frühjahr 1452 und hatte dort den Ritterschlag erhalten. Er war Rath des Herzogs Albrecht, stand bei diesem in großer Gunst und hatte die Verhandlungen geleitet, wodurch die von Schaffhausen wieder österreichisch werden sollten; denn mit Schaffhausen waren die von Heudorf von jeher gut gestanden und besaßen Haus und Bürgerrecht in der Stadt.[6]) Um das Jahr 1453 aber war unser Bilgeri mit denen von Schaffhausen zerfallen, weil sie in einem Streit zwischen ihm und denen von Julach wegen der Vogtei über die Burg Lausen, die Julacher in Schirm genommen hatten. Aus Uebelwollen nun gegen die Stadt und eifrig für den Herzog suchte er durch einen Gewaltstreich Schaff-

---

[1]) Lichnowsky 6, 184.
[2]) 1449. Dezbr. 23. Neustadt. Lichnowsky 6, CXXXVII. Müller 4, 474 citirt fälschlich. 1450.
[3]) Müller 4, 475 nach Stadtrechnungen.
[4]) d. d. 24. April und 15. Mai 1450. o. O. Lichnowsky 6, CXXXIX und CXL.
[5]) Auch die Küssaburg, die jetzt noch als stattliche Ruine in den Aargau und Klettgau schaut, hatte er damals.
[6]) Müller 4, 477.

hausen unter des letztern Botmäßigkeit zu bringen, sammelte im Mai 1454 in Waldshut die österreichischen Abeligen mit ihren Fähnlein, zog das Klettgau hinauf und stand plötzlich vor der Stadt mit der gebieterischen Forderung, sich dem Herzoge von Oesterreich zu unterwerfen. Dies trieb die erschreckten Bürger in die Hände der Eidgenossen, die schon lange ein Schutz- und Trutzbündniß angeboten hatten. Um Zeit zu gewinnen, beriethen sie in den Zünften über Bilgeri's Forderung und schickten indeß heimlich nach den Eidgenossen. Ungedulbig wartete der siegesgewisse Ritter auf die Schlüssel der Stadt. — Da, am 1. Juni, ertönen plötzlich die Glocken von allen Kirchen und über die Rheinbrücke sehen die getäuschten Herren unter Trompetenschall und Jubelgeschrei die Botschafter der Eidgenossen von Zürich, Bern, Luzern, Schwyz, Zug und Glarus in die gerettete Stadt einziehen. Hoch auf fluchte da Bilgeri; Streit entstand unter den Rittern, die sich gegenseitig Vorwürfe machten und beschämt zogen sie heim. Die von Schaffhausen aber schlossen auf 25 Jahre einen Bund mit den Eidgenossen.[1]) So ward Schaffhausen schweizerisch. Bilgeri aber ließ von da ab der Stadt keine Ruhe und drängte sie, wo und wie er konnte, bis die Eidgenossen vor Waldshut die Gewalt ihrer Waffen zeigten.

Erzherzog Albrecht, der indessen durch einen Vertrag[2]) mit dem jungen Sigismund die Regierung der Vorlande auf 8 weitere Jahre übernommen hatte, klagte gegen die Stadt vor dem Kaiser, der sie vor sich lud[3]) zur Verantwortung, weil sie ohne Ablösung[4]) der Pfandschaft sich entzogen hätte. Doch fast zu gleicher Zeit hatte König Ladislaus von Ungarn und Böhmen mit dem Herzog Sigismund gegen Friedrich wegen unberücksichtigter Forderungen an ihren ehemaligen Vormünder ein Bündniß[5]) geschlossen, dem auch Herzog Albrecht beitreten wollte. Dies mochte den Kaiser bestimmen, gegen die von Schaffhausen nicht weiter vorzugehen zu Albrechts bezw. Sigismunds Gunsten. Doch rief Albrecht im Herbst 1455 gegen die Eidgenossen zu den Waffen[6]) und sein Landvogt auf dem Schwarzwald, Peter von Mörsperg, gab Befehl, sich in Waldshut zu sammeln; namentlich warb Freiburg aufgefordert, sogleich mit aller Macht gegen Waldshut zu ziehen und allen vorräthigen Zeug mitzunehmen.[7]) Ob aber dies in Sachen Schaffhausens geschah, oder, weil die Züricher das Gebiet der Grafen von Thengen und Sulz ver-

---

[1]) Bundesbrief d. d. 1. Juni. 1454. bei Tschudi 2, 578.
[2]) 1450. März. 4. Innsbruck. Lichn. 6, CXXXVIII.
[3]) 1455. Juni. 21. Neustadt. Lichn. 6, CLXXXIV.
[4]) Siehe oben p. 4.
[5]) 1455. Juni. 23. Wien. Lichn. 6, CLXXXI.
[6]) 1455. September. 8. Zell am Untersee. Lichn. 6, CLXXXVI.
[7]) Sept. 9. o. O. Schreiber Urkundenbuch der Stadt Freiburg 2, 442.

wüßteten,¹) ist urkundlich nicht festzustellen. Daß es auch Schaffhausens wegen geschehen sein mochte, dürfte daraus zu schließen sein, daß wegen obiger Fehde die Hauptleute der Eidgenossen in Schaffhausen sich sammelten und von da aus Briefe an Herzog Albrecht richteten.²) Immerhin mochte der Herzog die Fehde der Züricher mit den genannten Edelleuten benützen, um auch seiner Seits gegen die Eidgenossen loszuschlagen; als aber diese mit den Grafen Frieden machten, stund auch er von weitern Schritten ab.

Bilgeri von Heudorf aber ruhte nicht. Immer noch führte er die unvergliche Fehde mit denen von Fulach wegen der Burg Laufen fort, hatte letztere mit Gewalt genommen; jene sie aber wieder an sich gebracht, wie Bilgeri behauptete, mit Hilfe der Stadt Schaffhausen. Durch irgend welche Mittel brachte nun der einflußreiche Ritter um das Jahr 1457 die Reichsacht über die Stadt, wiewohl deren Räthe sich von allem Antheil an der Fehde feierlich losgeschworen hatten. Eine Appellation³) sämmtlicher Eidgenossen an den Kaiser hob jedoch die Folgen der Acht auf; diese selbst jedoch nicht, wie wir später sehen werden. Im kommenden Jahr trat eine Aenderung in der Regierung der Vorlande ein. Durch Verzicht Herzog Albrechts⁴) übernahm Sigismund die Herrschaft im Elsaß, Sundgau, Breisgau, Thurgau und Schwarzwald; wogegen er Albrechten sein Dritttheil am Lande Oesterreich überließ. Als Sigismund im folgenden Herbst⁵) mit seiner Gemahlin Eleonore, Tochter Jakobs I. von Schottland, und seinem ganzen, glänzenden Hofstaat von Innsbruck in die vorderen Lande zog, ward er herrlich empfangen, namentlich in Constanz und in der gut österreichischen Stadt Winterthur, und Sigismund, liebenswürdig, aber schwach und leichtsinnig, wußte durch seine große Freundlichkeit die Herzen zu gewinnen. Nur die Eidgenossen waren ihm feind, was sie zu des Herzogs großem Unmuth kurz vor seiner Ankunft gezeigt hatten.

---

¹) Die Grafen Hans von Thengen und Alwig von Sulz hatten einige Straßburger, die aus dem Bade Pfäffers heimkehrten, auf schweizerischem Gebiete aufgegriffen und nach Hohenkrähen und nach Eglisau abgeführt. Die Züricher ergriffen die Waffen, verbrannten Schloß und Stadt Thengen und verwüsteten die Ländereien der beiden Grafen. Müller 4, 482 ff. Henne-Am Rhyn Geschichte des Schweizervolkes 1, 443. Gleich nach dieser Fehde zogen die Züricher mit dem bekannten Hirsebrei nach Straßburg. —
²) Liehn. 6, CLXXXVII.
³) Schreiben vom Sonntag Jubica. April. 3. 1457. Müller 4, 491.
⁴) 1458. Mai. 10. Wien. Lichnowsky 7, CCLXXIX. Müller 4, 473 hat fälschlich das Jahr 1457 als Abtretungszeit nach der St. Blasischen Geschichte der voröstereichischen Staaten, die voll historischer Unrichtigkeiten ist. Ein Jahr zuvor hatte Albrecht noch die Universität Freiburg gegründet. (21. Septbr. 1457.)
⁵) Im Novbr. 1458 urkundet er in Freiburg und Radolfszell wahrscheinlich auf dieser Reise. Schreiber Urkundenbuch 1, 461. Lünig Spicileg. 3, 505.

Im September 1458 auf dem Heimzuge vom Plappertkriege,[1]) in dem sie den Constanzern vor den Thoren ihrer Stadt trotzig die Waffen gezeigt, hatten Eibgenossen in Rapperswil, wo zwei Parteien, „Christen" (österreichisch Gesinnte) und „Türken" (Anhänger der Eidgenossen) sich befeindeten, letztern die Zusage gemacht, die Stadt losmachen zu helfen und in die Eidgenossenschaft zu stellen, was auch bald darauf geschah.[2]) Es drohte deßhalb im folgenden Jahre ein Krieg zwischen Oesterreich und den Eidgenossen auszubrechen, den zwar die Gesandten des Papstes, des Königs von Frankreich, der Städte Basel und Constanz und der Bischof von Constanz hinausschieben,[3]) nicht aber verhindern konnten. Ein der Schweiz ferneliegendes Ereigniß gab willkommenen Anlaß zum Kriege.

Herzog Sigismund, der schon seit Jahren mit dem Fürstbischof von Brixen, dem berühmten Karbinal Nicolaus v. Cusa in Streit lag,[4]) hatte denselben am Ostertag 1460 auf Schloß Brunnecken überfallen und gefangen genommen. Durch diese Gewaltthat hatte er den Papst Pius II., der ihm sonst sehr gewogen war und erst für ihn bei den Schweizern durch seine Legaten vermittelt und benselben die Haltung des fünfzigjährigen Friedens und die Zurückgabe von Rapperswil sogar bei Strafe des Bannes geboten hatte,[5]) so sehr gegen sich aufgebracht, daß Pius die Eibgenossen aller Rücksichten und Verbindlichkeiten gegen den Herzog entband[6]) und diesen selbst mit dem großen Kirchenbann belegte.[7]) Dies war für jene eine Aufforderung, zuzugreifen und stets bereit, ihre Genossenschaft auf Kosten Oesterreichs zu vergrößern und geschürt von den Brüdern Wigulei und Bernhard Grabner, Freiherren von Windischgräz, die vorher Günstlinge Sigismunds, auf Albrechts und der Landschaft Nöthigung hin,[8]) entlassen und Schweizerbürger geworden waren, schlugen sie sofort los. Die Feldzeichen derer von Luzern und Unterwalden waren die ersten, die auszogen am Tage der Engel-

---

[1]) Bei einem Schießen in Constanz, welches auch von Eibgenossen, namentlich Luzernern stark besucht war, weigerte sich ein Constanzer einen Berner Plappart, (29 gingen auf einen Gulden) den ein Luzerner als Einsatz erlegen wollte, anzunehmen und nannte die Münze „Kuhplappert" (den Bären auf der Münze für eine Kuh erklärend). Es entstand hierauf eine Schlägerei, die Eibgenossen zogen ab, um mit 4000 Mann wiederzukehren, welche die Umgegend von Constanz verheerten und dieses selbst bedrohten. Da vermittelte der Bischof Heinrich von Hömen und die Stadt zahlte den Eibgenossen 3000 fl. Sühngeld. Tschudi 2, 591. Müller 4, 485 ff. Henn-Am Rhyn 1, 333.
[2]) Rinkenmann, Gesch. von Rapperswil p 98. Tschudi 1. c.
[3]) Vermittlung zu Constanz 1459. Juni. 9. Lichnowsky 7 CCXCIV. Sigismund war selbst in Constanz.
[4]) Lichnowsky 7, 21 ff.
[5]) Tschudi 2, 600. Henne-Am Rhyn p 445.
[6]) 1460. Juni. 1. Siena. Lünig Spicil. eccl. 6, 439.
[7]) 1460 Aug. 8 Siena. Bullar. mag. 0, 271. Lichnow. 7, CCCXIII.
[8]) Lichnowsky 7, 28.

weihe von Einsiedeln (14. September 1460) zunächst nach Rapperswil, wo sie die Bürger Treue schwören ließen.¹) Von da ging's dem Thurgau zu, während die andern Eidgenossen Oesterreich nach und nach absagten und Zuzug leisteten. Der ganze Gau ward schnell genommen, die Städte Frauenfeld und später auch Diessenhofen mußten den Eidgenossen schwören; nur Winterthur hielt Stand und ward lange belagert — ohne Erfolg.²) Fussach ward erstürmt, Bregenz und Torenbühren kauften sich los. Da ward endlich am 7. Dezember 1460 durch den Bischof Johann von Basel im Verein mit den Räthen Herzog Ludwigs von Bayern und den Abgeordneten der Städte Basel und Constanz ein Waffenstillstand bis Pfingsten 1461 geschlossen,³) zu welchem Zeitpunkt es dem Herzog Ludwig gelang, zwischen Albrecht und Sigismund und den Eidgenossen einen fünfzehnjährigen Frieden zu Stande zu bringen.⁴) Aber den Letzteren hatte während diesem alles Eroberte zu verbleiben.

So wiederholten die Schweizer das auf Anregung des Kaisers Sigismund an dem Vater verübte Unrecht auch an dem Sohne, getrieben von einem beleidigten Papste. Dem gebannten Vater hatten sie den Aargau widerrechtlich abgenommen, dem gebannten Sohne den Thurgau. Bitter hatte sich daher auch Herzog Sigismund durch seine Räthe bei den Verhandlungen in Constanz beklagt, namentlich daß sie seine Unterthanen, ihre Nachbaren gegen ihn aufgewiegelt, Schaffhausen, Rapperswil und Freiburg im Uechtlande zur Untreue verführt und die von Herzog Ludwig gemachte und von ihnen feierlich beschworene Richtung nicht gehalten hätten. Die Eidgenossen wollten auf diese Klagen hin abreiten,⁵) ließen sich jedoch erbitten, und setzte Herzog Ludwig zu voller Ausgleichung einen Tag (2. Febr. 1462) zu Constanz fest, der, nachher zweimal verlegt, nicht stattfand,⁶) weil die Eidgenossen mit dem Gewonnenen zufrieden und Sigismund überzeugt sein mochte, doch nichts weiter mehr von jenen erlangen zu können.

In Oesterreich führte um diese Zeit (1463) Herzog Albrecht blutige Fehde mit seinem kaiserlichen Bruder um das Land Oesterreich, namentlich um Wien. Sigismund stand hiebei, wenn auch nicht thätig, auf Seiten Albrechts und war auch mit einem andern Gegner des Kaisers, dem Herzog

---

¹) Die Bürger sagten sofort Oesterreich ab und zogen mit. Tschudi 2, 600.
²) Tschudi l. c. Müller 4, 513 ff. Lichnowsky 7, 29. Winterthur, das sich als Enclave nicht halten konnte, verpfändete Sigismund 1467 um 10000 Gulden an Zürich. Lichnow. 7, CCCLXXX.
³) Lichnowsky 7, CCCXVII.
⁴) Tschudi 2, 612. Lichnowsky 7, CCCXXII. Zellweger Urkundenbuch 2, 109.
⁵) Tschudi. 2, 618. „Wie aber die Eidgnossen des Herzogen Räten Fürtrag verstunbend, hattend si's fer übel vergut".
⁶) Lichnowsky 7, CCCXXII, COCXXXI und CCCXXXIV.

Ludwig von Bayern treu verbündet. Albrecht war beim Kampfe im Vortheil geblieben. Da, während ihm der Kaiser Unterhandlungen anbot, starb er plötzlich, erst 45 Jahre alt, zu Wien, wahrscheinlich an (Gift.[1]) So war der Bruderkrieg beendigt, aber ein neuer Streit schien ausbrechen zu wollen um Albrechts Erbe, da sowohl Erzherzog Sigismund, den Albrecht selbst als seinen Rechtsnachfolger bezeichnet hatte, als Friedrich Ansprüche erhoben. Große Aufregung entstand allenthalben im Lande, und ein Kampf drohte; doch brachte der Kaiser in der letzten Stunde den Herzog dazu, auf sein Antheil zu verzichten,[2]) wohl meist, weil dieses noch immer in des Papstes hartem Banne lag und zu dessen Lösung des Kaisers Vermittlung bedurfte. Wirklich schlichtete Friedrich sofort die ärgerliche Sache, beigestanden im Auftrag[3]) des Papstes von dessen Legaten, Bischof Rudolf von Lavant.[4]) So war der gedrängte Sigismund mit dem Kaiser und durch ihn endlich mit dem Papste und dem Bischofe von Brixen versöhnt. Trotzdem ward ihm keine Ruhe gegönnt, seine unruhigsten Feinde waren die Eidgenossen. Schon im Mai 1464 hatte der Kaiser sie von einem Kriege gegen den Herzog abmahnen müssen,[5]) namentlich waren ihm die Appenzeller stets sehr lästige und gefährliche Nachbaren und in den Hochgebirgen Churs der Bund der „Grauen".[6])

Mit der Eroberung des Thurgaus hatte Oesterreich alle seine Besitzungen in der Schweiz mit alleiniger Ausnahme des Frickthales an die Eidgenossen verloren, in deren Bereich mehr und mehr altadeliger Besitz schwand und Bauerngemeinden an dessen Stelle traten und sie, die vor Kurzem noch Unterthanen gewesen waren, suchten jetzt selbst Unterthanen zu erwerben. Diese Gefahr, die bei dem Umsichgreifen der Eidgenossen dem Adel Schwabens und dem österreichischen Schwarzwalde drohte, hätten die ritterlichen Herren besser erkennen und würdigen und statt sich selbst zu befehden oder einzelne Städte zu drängen, unter sich und mit den Reichsstädten Frieden halten sollen, um so den kriegstüchtigen und erwerblustigen Eidgenossen eine Grenze setzen zu können. Da die Herren dies nicht beachteten, ergriff die freie Bauerschaft jede Gelegenheit sich zu vergrößern und jene zu schädigen. So hatten die Ritter Schaffhausen auf die Seite der Schweizer getrieben und durch die Befehdung der Stadt Mühlhausen ihre Burgen im Sundgau durch die Eidgenossen brechen lassen müssen. Da letztere Fehde ihre

---

[1]) Lichnowsky 7, 80.
[2]) 1464. Juli. 4. Innsbruck. Lichnowsky 7, CCCLV.
[3]) 1464. März. 1. Rom. Lichnowsky 7, CCCLIII.
[4]) 1464. August. 25. Neustadt. Lichnowky 7, CCCLVI.
[5]) 3. Mai. Neustadt. Lichnowsky 7, CCCXIV.
[6]) Lichnow. 7, 117.

unmittelbare Fortsetzung im Waldshuter Krieg, oder besser gesagt, die Schaffhauser und Mühlhauser Fehden, die beide neben einander hergingen, ihren Abschluß im Waldshuter Krieg fanden, so müssen wir, wie auch auf Schaffhausen, näher auf diesen Streit eingehen.

Die Stadt Mühlhausen im Elsaß, früher unter dem Bischof von Straßburg, war durch Kaiser Rudolph von Habsburg in's Reich aufgenommen und von ihm und den folgenden Kaisern reichlich mit Privilegien bedacht worden.[1]) Seit Rudolphs Zeit, der vielfach die Städte den Herren gegenüber begünstigte, waren jene Kämpfe ausgebrochen, die im 14. und 15. Jahrhundert das erwachende demokratische Selbstbewußtsein der Städter gegen die altadelige Herrschaft führte; Zünfte und Geschlechter kamen um jene Zeit in jenen unversöhnlichen Streit, dem schließlich die Herren unterlagen. So auch in der Stadt Mühlhausen. Manch harten Streit hatten bereits die tapfern Städter mit Rittern und Edelknechten ruhmvoll durchgekämpft,[2]) aber den Haß der Besiegten dadurch immer neu verstärkt, denen deßhalb der geringste Anlaß willkommen war, gegen die Sieger loszuschlagen. So führte der unbedeutendsten Ereignisse eines zum blutigen Mühlhauser Kriege.

Um das Jahr 1466 hatte ein Müllermeister in der Stadt seinem Knechte[3]) von 6 Plapperten Wochenlohn etwas abgezogen, worüber sich dieser beim Bürgermeister beklagte, der jedoch die geringe Sache bei Seite legte.[4])

Da zog der Knecht aus der Stadt und drohte, ihr ein Feuer anzünden zu wollen. Die Rathsherren, die Bosheit des Adels draußen fürchtend, schickten dem Knechte einen Boten nach, der ihm sein Geld bringen sollte. Zu Brunnstatt saß er beim Abendtrunk im Wirthshaus, als er den Rathsboten kommen sah; sofort brach er auf, eilte zu dem Junker Peter[5]) von Regisheim und verkaufte dem[6]) seine Ansprache an Mühlhausen. Hocherfreut war der Regisheimer, an der Stadt, die 1397 seine Familie vertrieben, eine Gelegenheit zu finden, sandte alsbald in verstellter Freundlichkeit einen Boten dorthin, stellte vor, daß er den Knecht befriediget habe und forderte zur

---
[1]) Schöpflin Alsat. illustr. 2, 423.
[2]) Schöpflin l. c. p. 425. Wurstisen Basl. Chronik. p. CCCLXVI.
[3]) Er hieß Herrmann Klee und war von Eßlingen. Ueber den Namen des Knechtes und die Zeit des Vorfalles differiren die Chroniken sehr; Tschudi, Wurstisen, (der das Jahr 1468 nimmt) Etterlin und andere nennen den Knecht Hans Kiefer, eines Küfers Knecht, indem sie ihn mit dem Knechte des Erhard von Masmünster verwechseln, der während des Streites die Stadt in Briefen bedrohte und Konrad Kiefer hieß und von Bonndorf war. Wir folgen in Namen und Zeit dem gründlichen Schöpflin l. c. p. 427.
[4]) Etterlin, Chronik von der löblichen Eidgenossenschaft p. 184, sagt: „er tett als noch hütt by tage etlich auch tuend, so armen lütten nit zue hören, ratten oder helfen wend."
[5]) Tschudi 2, 766 nennt ihn fälschlich Heinrich.
[6]) „Dem was auch Unglück lieber, dann Glück". Etterlin p. 185.

Abtretung seines Rechtes eine große Summe; beß weigerte sich der Rath, wie's der Regisheimer gehofft hatte. Sofort hob er ihnen zwölf Leute auf und sandte ihnen dann durch ein altes Weib seine und anderer Abeliger[1]) Fehdebriefe und verklagte die Stadt bei den österreichischen Landvögten Thüring und Walther von Hallwil zu Ensisheim und Landesehre.[2]) Schwer bedrängt suchten die Mühlhauser um Hilfe und Bündniß nach bei denen von Bern, die, und mit ihnen die von Freiburg und Solothurn, einen Bund auf 15 Jahre zu gegenseitigem Schutz und Trutz abschlossen[3]) und 100 Mann Schweizer Besatzung in die Stadt legten.[4])

Jetzt höhnte der Adel auch die Eidgenossen, nannten sie „Kuhmelker", und die Stadt „den Schweizer Kuhstall" und wüsteten und raubten rings um dieselbe. Schon wollte Bern rüsten, hielt es aber für besser, vorher eine Versöhnung auf friedlichem Wege zu erzielen und setzte hiezu einen Tag fest auf den 29. Sept. zu Basel.[5]) Die Ritter kehrten sich jedoch nicht daran und trieben ihre Feindseligkeiten fort, worauf der kurpfälzische Unterlandvogt zu Hagenau,[6]) wohin Mühlhausen gehörte, Johann Wildgraf zu Thun (Daun) die Burg Regisheim überfiel und nahm, wobei der Müllerknecht erstochen ward.[7]) Jetzt vermittelten die österreichischen Räthe, und auf einem Tag zu Regisheim,[8]) dem auch Boten von Bern und Solothurn anwohnten, ward Peter v. Regisheim zu 825 fl. Schadenersatz an Mühlhausen verurtheilt und zum Frieden, den er und seine Gesellen übrigens nicht hielten; vielmehr suchten sie jetzt die ganze Macht Oesterreichs in den Vorlanden in ihre Sache hineinzuziehen, was ihnen dadurch erleichtert wurde, daß die Eidgenossen, deren Umsichgreifen Oesterreich im eigensten Interesse verhüten mußte, sich in die Mühlhauser Angelegenheiten gemischt hatten. Zwar hatte im Mai dieses Jahres[9]) der Herzog Ludwig von Bayern, in Berathung des Kurfürsten Dietrich von Mainz u. A. auf's Neue Friede und Waffenruhe zwischen dem Erzherzog und den Eidgenossen vermittelt; gleichwohl aber ließ Sigismund seine Ritter im Hegau- und Klettgau, im Elsaß und

---

[1]) Johann und Wilhelm, die Kapler, Conrad v. Bolschweiler u. A. Wurstisen p. CCCXXX.
[2]) Wurstisen l. c. Stetteler Annal. p. 189. Tschudi 2, 678.
[3]) d. d. 4. Juni. 1466. Müller 4, 453.
[4]) So Müller 4, 553. Diebold Schilling, Beschreibung der Burgundischen Kriege p. 6. nennt nur 30 Mann. Diebold lebte gleichzeitig mit diesem Kriege und war Gerichtschreiber zu Bern; verdient also Glauben.
[5]) Stettler. Annal. p. 189.
[6]) Die Landvogtei Hagenau war damals von dem Kurfürst Friedrich von der Pfalz, einem Feinde des Kaiser Friedrich, verpfändet (Schöpflin Al. 2, 573); deßhalb finden wir seinen Unterlandvogt auch auf Seite der Mühlhauser.
[7]) Wurstisen l. c.
[8]) 2. Novbr. 1466. Wurstisen l. c.
[9]) 1466. Mai. 29. Constanz. Lichnowsky 7, CCCLXVII.

Sunbgau ungestraft hetzen und reizen. Hier war es der von Regisheim und seine Gesellen, und dort Bilgeri von Heudorf mit seinen adeligen Helfern, die fort und fort den Kleinkrieg führten. Daß es der Herzog so geschehen ließ, ist leicht erklärlich. Stark geschädiget von den Eidgenossen in seinem Besitzthum mußte er diesen feindlich gesinnt sein, um so mehr, als sie nun in der Mühlhauser Sache auch im Sundgau vorgegangen waren — auf der anderen Seite aber waren die Schweizer, die so zu sagen damals das einzig stehende Heer in Europa hatten, stets entschlossen und kriegsbereit, nicht nur ihre Oesterreich entrissenen Ländertheile zu behaupten, sondern dasselbe, das noch zwischen ihren Gemeinden und angrenzend vereinzeltes Besitzthum und Lehensleute hatte, ganz aus ihrem Gebiet hinauszubringen. So wie die Sache bisher gegangen, konnten die Eidgenossen bei einem Kriege mit Oesterreich nur gewinnen, und dieses, zugleich in der Hoffnung entrissene Ländertheile wieder zu erlangen, war zum Kriege genöthigt, um nicht noch mehr an die immer mehr um sich greifende „Bauerschaft" zu verlieren. Die Plänkler, die immer wieder zum Kampfe reizten, waren drunten im Sundgau der Regisheimer und droben im Klettgau der Heudorfer.

Dieser rief gleich im folgenden Jahre 1467 die Eidgenossen zu den Waffen. Im Frühjahr dieses Jahres warf er den Bürgermeister von Schaffhausen[1]), Hans am Stad, auf einem Geschäftsritt nach Engen bei dem Dorfe Anselfingen in einer Hohlgasse mit überlegener Anzahl nieder, führte ihn in die österreichische Hauptstadt des Schwarzwaldes, nach Villingen, und behandelte ihn im Gefängnisse der Art, daß er gerne sein ganzes Vermögen (1800 fl.) als Lösegeld gab.[2]) Diese Schmach klagten die von Schaffhausen ihren Eidgenossen und diese rüsteten gegen Oesterreich, dessen Lehensmann und Vogt zu Laufenburg Bilgeri war. Da unterzog sich der Bischof von Constanz, Hermann von Breiten-Landenberg, der Sache und ward auf einen Tag zu Constanz verabredet, daß der Herzog die Rückzahlung des Lösegeldes an Hans am Stad übernehme.[3]) Deß weigerte sich auf den Bericht seiner Räthe Sigismund, und erzürnt wollten die Eidgenossen losschlagen und mit Macht in das Hegau und auf den Schwarzwald ziehen. Schaffhausen ward durch eine Besatzung verstärkt, von der einige Unterwaldner am Rhein herabzogen bis Waldshut und hier einige Leute wegnahmen, die sie gefangen nach Rheinau brachten, wo sie jedoch entkamen.[4])

---
[1]) „Er warff die von Schaffhusen allenthalben niber, das sy nit wohl bedorfften für jr statt wandlen." Etterlin p. 184.
[2]) Tschudi 2, 676. Müller. 4, 547.
[3]) Tschudi 2, 675.
[4]) Tschudi 2, 678. Die von Unterwalden verlangten und erhielten von den Rheinauern Entschädigung, weil sie die Gefangenen hatten entwischen lassen.

Vermittlungsversuche der Bischöfe von Constanz und Basel[1]) wären diesmal wohl vergeblich gewesen; da verkündete der Kaiser wegen des auf dem Reichstage zu Nürnberg im Juni 1467 beschlossenen Türkenzuges[2]) bei Strafe der Reichsacht einen fünfjährigen Frieden[3]) und forderte in einem eigenen Schreiben Bern, als den Vorort der Eidgenossenschaft, zu dessen Haltung auf.[4]) Jetzt mußten die Schweizer abrüsten und der Zusatz von Schaffhausen ward abgezogen. Mehr der Form wegen, als in Hoffnung des wirklichen Zustandekommens eines Türkenzuges, hatte der Kaiser den Reichsfrieden geboten; darum ward er auch nicht gehalten und wie allenthalben im Reich, auch nicht in der Mühlhauser und Schaffhauser Fehde, wenigstens nicht von Seite der Ritter. Während die Schweizer des Türkenzuges halber stille saßen, rüsteten die österreichischen Herren und Amtleute überall, versahen ihre Schlösser mit Bollwerken, Wehren und Geschützen, befestigten Dörfer und Städte. Drunten im Sundgau wurde das Dorf Habsheim, in der Nähe von Mühlhausen, stark befestigt, wohl versehen mit Geschütz und Söldnern, die Nachts mit Raub, Brand und Verwüstung die in der Stadt schädigten; Tags rannten Ritter der Umgegend ihnen an ihr Thor, hauten mit der Streitart Späne daraus und drohten mit üppigen Reden, den „Kuhstall" nicht im Lande leiben zu wollen.[5]) Droben im Klettgau waren die Schaffhauser stets beunruhigt durch Bilgeri und seine Gesellen, der die Eidgenossen schlimmer achtete, als die Türken und deren Bekämpfung für nothwendiger hielt, als einen Zug gegen die Mosleminen. Alles deutete gegen Ende des Jahres 1467 auf ein künftiges schweres Kriegsjahr hin. Selbst die Eidgenossen sahen wohl ein, daß ein Schlag gegen sie im Anzug sei. Die Berner ließen in all ihren Kirchen und Klöstern Gott, den Allmächtigen, um Frieden und Einigung anrufen „wegen der sorglichen und gefährlichen Läufe".[6])

Noch versuchten in den letzten Tagen des Jahres 1467 die österreichischen Räthe eine Verständigung und Bündniß zwischen der Ritterschaft und den Städten der Vorlande mit der Eidgenossenschaft; doch diese

---

[1]) Johann von Beningen. 1458—78. Bischof von Basel. Sudan, Basilea sacra p. 325.
[2]) Lichnowsky 7, 108.
[3]) 1467. August 20. Neustadt. Lichnowsky 7, CCCLXXX.
[4]) Tschudi 2, 672. Das Schreiben ist vom Pfinztag vor Barthol.-Tag, (20. August) 1467. Neuenburg. Unterm 11. August hatten noch von Nürnberg aus die Herzoge Ludwig und Otto von Bayern, Herzog Albrecht von Sachsen und Markgraf Albrecht von Brandenburg die Eidgenossen gemahnt, Sigismunden den 15jährigen Frieden zu halten. Lichnowsky 7, CCCLXXIX.
[5]) Tschudi 2, 680 und 681.
[6]) Stettler p. 190.

mißtrauten, weil die Oesterreicher fort und fort ihre Plätze befestigten und besetzten und gehässige Gesinnungen an den Tag legten,[1]) und zu gleicher Zeit Herzog Sigismund auf dem Tage zu Speier den 21. Dezbr. 1467 die Reichsfürsten um Hilfe gegen sie angerufen hatte. Dort hatte er geklagt, vierzig gräfliche und freiherrliche und über dreihundert Ritterburgen seien durch die Eidgenossen gefallen, deren Besitzer alle in irgend einem Verbande mit dem Hause Habsburg gestanden wären.[2])

Gleichwohl schlugen die Schweizer das Anerbieten der Räthe Sigmunds nicht ganz ab, sondern versprachen es an den nächsten Tag zu Luzern zu bringen. So ging's hinüber in das blutige Jahr 1468.

Fragen wir hier nach den Gründen des Krieges und dem beiderseitigen Rechte dazu, so ist beides bereits im seither Gesagten angedeutet. Es war eben die Gährung zwischen zwei entgegengesetzten Elementen, zwischen Demokratie und Aristokratie so weit gekommen, daß es zu einem entschiedenen Schlage kommen mußte. Die altadeligen Herren konnten es nicht über sich gewinnen, daß in den Städten das demokratische Selbstbewußtsein ihnen ihre alte privilegirte Herrschaft streitig machte; so war es in Mühlhausen, wie schon früher in Freiburg i. Br. und anderen Städten zu blutigem Streit gekommen. Daß die Eidgenossen, dieses Volk in Waffen, das den stolzen Rittern schon so manche Burg gebrochen, in manch hartem Kampf sie aus dem Felde geschlagen, der aufstrebenden Demokratie in Mühlhausen so willig beisprang, hatte neuen Haß der Ritterschaft auf sie geworfen. Dazu kam die drohende Stellung, welche die Schweizer gegen Oesterreich in den Vorlanden eingenommen hatten. Daß sie einst auf Befehl des Kaisers und auf das Zurathen des Papstes zugegriffen und den Thurgau und Aargau annectirt hatten und festhielten, wird ihnen Niemand verargen, am allerwenigsten in unsern Tagen; daß aber Oesterreich ihnen dieses nie verzieh und ihrem Umsichgreifen in dem Elsaß und dem Schwarzwald Einhalt zu thun suchte und suchen mußte, ist ebenso erklärlich. So stand auf der einen Seite die ritterschaftliche Aristokratie voll glühenden Hasses gegen die aufkommende Bürger- und Bauerschaft auf der andern; auf der einen Seite Habsburgs Hausmacht für ihre Selbsterhaltung kämpfend, auf der andern der Schweizer Eidgenossenschaft, mit den Waffen Gewonnenes mit der Waffe festhaltend und überall hin der Demokratie gegen den Adel Vorschub leistend. So standen die Gegner, betrachten wir nun den Verlauf.

Schon in den ersten Tagen des Jahres 1468 regte es sich im öster-

---
[1]) „Sölichs beschach mehr uß Trug, denn uß Begirlichkeit, dann in Mittlerweil vestnetend und besatzend si Jre Pläz vnd, wer den Eydgnossen in Jren Landen guts redt oder gunnet, den vechtend und hatzten si als wer er ein Türk". Tschudi. p. 680.
[2]) Lichnowsky 7, 129.

reichischen Lager am Rhein herauf. Unterm 30. Januar¹) schreibt die Stadt Breisach an die von Freiburg, daß der Landvogt, Graf Konrad von Tübingen, ein Bündniß der vier Städte des Breisgaues mit der Ritterschaft vorgeschlagen und bittet, die Freiburger möchten die Sache schnell berathen, da „die Zeitläufte allenthalben wild, untreu und schwer seien." Auf Freitag vor Pfaffenfastnacht (25. Febr.) hielten die Schweizer Tag zu Luzern²) und beschlossen, die Boten der einzelnen Gaue sollten auf den nächsten Abredungstag Antwort bringen auf das vorgeschlagene Bündniß der Vorlande mit der Eibgenossenschaft und ob sie den dazu festgesetzten Tag zu Basel, dem auch der Herzog anzuwohnen versprochen, besuchen wollten. Ehe jedoch die Eibgenossen zusammentraten, hatten die Oesterreichischen wieder gegen Mühlhausen losgeschlagen. In der ersten Hälfte Aprils hatten Räthe und Landvogt einen Tag gehalten zu Basel und beschlossen, mit aller Macht gegen Mühlhausen zu Felde zu ziehen und Ritter und Städte im Elsaß und Breisgau zur schleunigen Rüstung aufgefordert. Die nächstgelegenen Ritter und Städte waren schon am 21. April vor die Stadt gefallen und hatten das Feld verwüstet. So berichtet Ritter Martin von Staufen an Freiburg,³) dem er den Beschluß von Basel mittheilt. Nichts destoweniger beriethen die Eidgenossen am 12. Mai zu Luzern⁴) über den Versöhnungstag zu Basel und wurden eins, denselben zu beschicken, jedoch vor Allem für Mühlhausen und Schaffhausen Recht zu verlangen; schlügen dies die österreichischen Räthe ab, so sollte das ganze Bündniß abgelehnt werden. Auf den 26. Mai war der Tag zu Basel festgesetzt, und der Landvogt Thüring von Hallwil hatte, in des Herzogs Namen dessen Kommen auf den 23. Mai der Ritterschaft und den Städten verkündet und diese zu einer Vorbesprechung nach Neuenburg auf den 21. Mai eingeladen.⁵) Am gleichen Tage,⁶) da der Landvogt dies schrieb, hatten sich seine Leute viertausend Mann stark vor Mühlhausen gelegt, ein Beweis, wie ernstlich sie an den Frieden dachten.

Noch waren die Boten der Eidgenossen zu Luzern, als sie der Hilferuf derer von Mühlhausen traf; sofort eilten sie heim; sie wollten dennoch den Tag von Basel abwarten, bevor sie allgemein rüsteten und nur Bern und Solothurn sandten vertragsgemäß 200 Mann ab, die am 18. in Mühlhausen, wo der Feind nach völliger Verwüstung des Landes wieder abgezogen

---

¹) Schreiber Urkundenbuch der Stadt Freiburg 2, 490. Die hier folgenden Urkunden sind, wie wir sehen werden, für unsere Geschichte sehr wichtig.
²) Tschudi 2, 680.
³) 21. April. 1468. Schreiber 2, 491.
⁴) Tschudi 2, 681.
⁵) Schreiber 2, 492. Dem Herzog war es jedoch wohl nie Ernst selbst zu kommen, und ist er laut Urkunden am 20. und 24. noch in Bozen. Lichnowsky 7, CCCLXXXVI.
⁶) 15. Mai. Schreiber l. c.

war, eintrafen und sogleich einige glückliche Ausfälle machten.¹) Am Christi Himmelfahrtstage ritten, wie bestimmt, die eidgenössischen Boten zur Berathung mit den österreichischen Räthen und den Abgeordneten der Ritterschaft und der Städte der Vorlande in Basel ein. Der Herzog, auf dessen Friedliebe die Eidgenossen vertraut, war nicht erschienen, was bei ihnen schon Mißtrauen erregte. Sie stellten ihre gerechten Forderungen Schaffhausens und Mühlhausens wegen, und als diese abgeschlagen wurden und zugleich die Nachricht eintraf, daß Mühlhausen vom Abel beschossen werde, ritten sie sofort heim und schlugen Lärm im Schweizerlande.²) Jetzt erst rüsteten die Eidgenossen mit voller Macht. Oesterreichischer Seits begannen nun auch Züge auf den Schwarzwald, um die Letzen (Schanzen) zu besetzen,³) und Bilgeri und die übrigen Herren im Klettgau rüsteten der Art zu, daß die von Schaffhausen, gleich nach Rückkehr ihrer Boten von Basel, ihre Eidgenossen zu Glarus um unverzügliche Hilfe und Beistand mahnten.⁴) Sofort ward die Besatzung in Schaffhausen verstärkt und ein Tag zu Zürich gehalten und beschlossen, auf den 16. Juni, den hlg. Fronleichnamstag, mit allen Bannern aufzubrechen und dann Absage und den Zug auf Sundgau, Schwarzwald und Breisgau zu thun.⁵) Und so sollte es auch geschehen.

Schon unterm 12. Juni mahnte der Landvogt Thüring von Hallwil die Ritterschaft und Städte des Breisgaus, den Zuzug auf den Wald zu beschleunigen, da er sicher vernommen, daß die Eidgenossen auf den 16. sich zwischen Basel und Liestal mit ganzer Macht lagern würden.⁶) Zu gleicher Zeit hatte Ritter Martin von Staufen, ernannter oberster Feldhauptmann der Städte und Landschaften im Breisgau, am Rhein und auf dem Schwarzwald, mit dem Landgrafen Hans von Lupfen zu Stühlingen und andern Rittern und Städten seiner Hauptmannschaft zu Laufenburg getagt und warb, weil man sich jeden Tages des Einbruches der Eidgenossen zu versehen hätte, beschlossen, alle Zugspflichtigen zu mahnen, unverzüglich auf den Wald zu ziehen und in St. Blasien sich zu sammeln.⁷)

---

¹) Sie stürmten, plünderten und verbrannten die Dörfer Brunnstatt und Rixheim u. a. Diebold Schilling, Beschreibung der burgund. Kriege p. 6. Tschudi p. 681. Wurstisen l. c. Der Hauptmann der Berner war Nicolaus Zerkinder, Bäcker. Schilling p. 16.
²) Tschudi 2, 682.
³) Bericht des Michel Meiger, den die von Freiburg mit einer Anzahl Kriegsknechte an die Letze auf den Wald gesandt, an die Stadt, daß er dort weder Hauptmann noch sonst Jemanden gefunden und deßhalb nach Waldshut gezogen sei, um weitere Befehle abzuwarten. d. d. 27. Mai 1468. Schreiber 2, 492.
⁴) Mahnbrief, Mittwoch vor Pfingsten (1. Juni) 1468. Tschudi 2, 683.
⁵) Tschudi l. c.
⁶) Schreiber 2, 493.
⁷) Schreiben vom 13. Juni 1468 an die Stadt Freiburg. Schreiber l. c. Das Gleiche über den Auszug der Schweizer melden am folgenden Tage

Doch ward Bern verhindert, auf den gesetzten Tag auszuziehen, weil sie die von Freiburg i. Ue. abwarten wollten; und Ritter Martin von Staufen, trefflich davon unterrichtet, mahnt seine Leute sofort den Zuzug einzustellen und nur zwei oder dreihundert Fußknechte und noch zehn Reiter zu schicken, um die Schlösser, die Wacht am Rhein und am Wald ob Thiengen gehörig besetzen zu können; da die Bauern auf dem Wald zu sehr mit Schanzen beschäftigt und deßhalb nicht beizuziehen seien.[1]) Doch die Schweizer ließen nicht lange mehr auf sich warten; am 21. Morgens[2]) brachen die von Bern, nachdem sie, Freiburg und Solothurn am 18. dem Herzoge abgesagt,[3]) mit über 7000 Mann auf und mit ihnen, die von Sanen und Graf Wilhelm von Aarberg-Valangin. Ihre Hauptleute waren die Herren und Ritter Adrian von Bubenberg, Nikolaus und Kaspar von Scharnachthal, welch letzterer das Roßbanner führte, und der Edelknecht Hartmann vom Stein.[4]) Verstärkt um 1000 Mann durch die von Freiburg und Biel trafen sie 8000 Mann stark in Solothurn ein, wo der Bürgermeister Ulrich Nyso mit wohlgerüstetem Zuge sich anschloß; und nun giengs durch den Aargau und den untern Hauenstein dem Sundgau zu.[5]) Auf dieses hin sagten jetzt auch die übrigen Eidgenossen ab; am 24. Zürich, am 28. Glarus,. St. Gallen und Schaffhausen,[6]) um die gleiche Zeit Luzern, Uri, Schwyz, Zug und Unterwalden.[7]) Schon am 27. lagen die von Zürich, Luzern und Schwyz „mit Macht" in Bratteln und Muttenz,[8]) während am gleichen Tage die Schaffhauser und ihr Zusatz im Klettgau eingerückt waren.

Doch wenden wir uns zunächst Mühlhausen und dem Sundgau zu. Hier hatten sich die zweihundert Berner und Solothurner mit denen von Mühlhausen wacker gehalten, hatten täglich Scharmützel mit dem Feinde und bei wiederholten Ausfällen die Dörfer Rixheim, Brunnstatt, Dudenheim und Morschweiler

---

Michel und Brun Hans (Meiger), die von der Stadt Freiburg in Waldshut lagen. Schreiber p. 495.
[1]) Schreiben an den Markgr. Rudolf von Baden d. d. 15. Juni. Schreiber l. c.
[2]) Schilling p. 10.
[3]) Lichnowsky 7, CCCLXXXVII.
[4]) Das Banner trug Ludwig Brügler, Gerber und vom Rath war dabei Peter Kiftler, Metzger. Schilling p. 10. Tschudi 2, 685.
[5]) So berichten wenigstens Schilling p. 11 und Etterlin p. 127, die Beide gleichzeitig leben. Sie mußten wohl diesen Umweg machen wegen Basel, das neutral blieb und den Durchzug durch sein Gebiet versagte.
[6]) Lichnow. 7, CCCLXXXVII.
[7]) Ihr Laufer, der den Fehdebrief trug, ward von den Oesterreichischen aufgegriffen und ertränkt. „Das doch unritlich und schändlich war." Schilling p. 11. Stettler p. 191.
[8]) Schreiben des Johanniter-Comthurs Rudolf von Baden an Freiburg vom 27. Juni. Schreiber 2, 497 Wurstisen p. CCCCXXXI. Beide Orte liegen im Canton Basellland.

genommen und verbrannt und reichlich Beute jeweils heimgebracht¹); auch den Teich an der Ill, der das Wasser nach Ensisheim leitete, hatten sie gebrochen.²) Fünftausend Mann stark lagerte Thüring von Hallwil um Mühlhausen, ohne diese Erfolge hindern zu können. Da trafen am Morgen des 20. Juni die drei laufenden Boten von Bern, Freiburg und Solothurn beim Landvogt ein; an drei langen Stangen trugen sie die Fehdebriefe ihrer Städte, die den Heranzug der Eidgenossen verkündeten. Alsbald zog Thüring von Mühlhausen ab mit seiner ganzen Macht;³) er mochte Bedenken tragen, sich in offener Feldschlacht den Schweizern entgegen zu stellen, namentlich in geringerer Stärke. Wenige Tage und die Berner und ihr Zuzug rückten in's Sundgau ein, überall den Weg durch Feuer und Flammen bezeichnend. Habsheim, das von den Herren wohl besetzte und befestigte, wollten sie zuerst nehmen und waren nicht wenig überrascht, als sie dort angerückt, das Nest leer fanden. Die stolzen Herren waren ohne Widerstand vor den „Kuhmelkern" geflohen; so sehr fürchteten sie die alte erprobte Tapferkeit des Schweizervolkes. Die Eidgenossen blieben des gefundenen guten Weines wegen zwei Tage hier,⁴) zerstörten und verbrannten aber beim Abzug das Dorf bis auf die Kirche. Hier holten sie ihre Landsleute, die in Mühlhausen gelegen, und die Bürger von dort mit ihrem Stadtbanner feierlich ab und der Zug gieng vor das feste Schloß Brunnstatt, das wie Züllisheim und Freningen⁵) genommen und verbrannt ward.⁶) Indeß waren auch die Züricher, fünfzehnhundert Mann stark, unter dem Ritter Heinrich Schwend,⁷) und mit ihnen die von Schwyz in einem Zuge von Basel den Rhein herunter gegen Ottmarsheim gezogen, hatten ohne Zeug dazu das Schloß Schweighausen⁸) angerannt, waren aber mit Verlust zurückgewiesen worden. Als sie aber des andern Tags nochmals stürmen wollten, fanden sie die Burg von der Besatzung verlassen;⁹) sie wurde verbrannt und ebenso etwas später das Dorf Pfaffstadt.

Die übrigen Banner der Eidgenossen, Luzern, Uri, Unterwalden, Zug und Glarus¹⁰) zogen zwischen Ill und Rhein den großen Hartwald hin-

---
¹) Tschudi 2, 684; Schilling p. 7 ff.
²) Wurstisen p. CCCCXXXI.
³) Tschudi 2, 685.
⁴) „und blieb man den guten starken Wyn zween Tag aneinander zu Dienst da, das menger gar fröhlichen wart." Schilling p. 11.
⁵) Ueber diese Schlösser siehe Schöpflin Als. Ill. 2, 39.
⁶) „Die Gebew schickten sie im Rauch nachher den Wolken. Stettler p. 191.
⁷) Edlibach, Chronik p. 127. Sie waren schon am 20. in Zürich ausgezogen. ibidem.
⁸) Sitz der Edlen von Hacke. Schöpflin Als. 2, 44.
⁹) Nach Schilling p. 15 und Stettler p. 191 waren 1000 Mann Berner im Anzug.
¹⁰) Die beiden letzten lagen noch am 28. und 29. Juni in Mellingen und Bremgarten, Kanton Aargau. Tschudi 2, 684 und 686.

unter. Sie waren erst am 3. Juli Morgens an Basel vorübergezogen und, wie dort versammelte¹) österreichische Kriegsleute meinten und nach Neuen= burg und Breisach berichteten, mit der Absicht, zur einen Hälfte nach Mühl= hausen und zur andern bis Breisach hinabzurücken und dort die Rheinbrücke zu sperren;²) auf welche Nachricht hin die von Breisach Tag und Nacht in ihren Harnischen lagen und die Schweizer erwarteten.³) Doch die kamen nur bis gegen Ensisheim brennend und sengend, was nicht Gotteshäuser waren; während die von Bern indeß über das Ochsenfeld gezogen und nach Verwüstung mehrerer Dörfer vor die Stadt Thau gerückt waren. Sie warfen im Sturm höhnende Kriegsknechte derer von Thau vom Berg Staufen herunter und verbrannten die Vorstadt, nahmen hier einen vom Schloß Hirzenstein⁴) gefangen, gaben ihm zweihundert Mann mit, die das Schloß nahmen und anzünden. Dies war am 3. Juli Abends geschehen, und fürchteten die Oesterreichischen, die Eidgenossen würden nun stracks Ensisheim zu ziehen. Thüring von Hallwil, der die Eroberung Thau's denen von Freiburg i. B. meldet, fügt hinzu, daß die Schweizer bereits viele Schlösser und Städte gewonnen und über sechzig Dörfer verbrannt hätten, und bittet deßhalb um schleunigsten Zuzug, um wenigstens das Schloß Ensisheim dem Herzoge halten zu können.⁵)

Bei Thau waren die von Zürich und Schwyz bei den Bernern einge= troffen, auf dem Ochsenfelde, dem sie wieder zuzogen, alle übrigen Banner der Eidgenossen. Sofort stellten sie sich, vierzehntausend Mann stark, in Schlachtordnung auf und erwarteten die Ritterschaft, die schon längst ge= droht auf der weiten Ebene mit ihnen zu rechnen.⁶) Doch die kamen nicht⁷) und hielten sich allenthalben verborgen; nur als die Eidgenossen vierzig Reisige um Proviant nach Mühlhausen schickten, griffen sie diese mit dreihundert Reitern an, wurden aber zurückgeschlagen und jene kamen glücklich in die Stadt und zurück.⁸) Lange hielten die tapfern Eidgenossen Lager auf dem Ochsenfelde, die Ritter nahmen keine Schlacht an. Da schien die Ehre der

---

¹) Am 30. Juni hatten Hauptleute der Eidgenossen mit denen von Basel unter= handelt; worauf die Oesterreichischen ebenfalls dorthin Botschafter schickten, um die Stellung der Basler zur Sache zu erkunden. Schreiben der Stadt Neuenburg an Freiburg, Breisach und Endingen. Schreiber l. c. p. 499.
²) Schreiben vom 3. Juli 1468. Schreiber Urkb. 2, 501.
³) Schreiben des Rathes von Breisach an den von Freiburg vom 8. Juli Schreiber l. c. p. 503.
⁴) Es gehörte dem Abte von Murbach (Al. 2, 100), dessen Banner sie im Schloß fanden. Schilling p. 25.
⁵) Schreiben vom 4. Juli 1468. Schreiber Urkb. 2, 502.
⁶) „mit Juen ruch umbzegon". Tschudi 2, 687.
⁷) „Die Boch=Hausen hatten sich aus dem Staub gemacht und den Schweizer Stier nit angerürt". Stettler p 192.
⁸) Tschudi l. c. Schilling p. 21. Die Schweizer erstachen hiebei unversehens einen ihrer eigenen Leute.

eibgenössischen Waffen gewahrt; Bern und Solothurn[1]) ließen alle Banner zusammenrücken und dankten ihnen in herzlichen Worten,[2]) besetzten Mühlhausen hinlänglich und nun giengs in drei Schaaren wieder aufwärts dem Sundgau und Basel zu — um St. Margarethentag (15. Juli) des Jahres 1468.[3]) Der Friede aber sollte an einem andern Orte erkämpft werden, im Waldshuterkriege, dem die Eidgenossen jetzt zuzogen. Sehen wir, wie indeß die Dinge am Oberrhein und auf dem Schwarzwald sich verlaufen hatten, wohin die Eidgenossen noch vom Ochsenfelde aus tausend Mann vorausgeschickt hatten.[4])

Noch am Tage vor ihrer Absage, schon am 27. Juni waren die von Schaffhausen mit ihrem Zusatz in das Klettgau eingefallen und hatten sich zweitausend Mann stark zu Erzingen, zu Weisweil und zu Wilchingen im Kirchhofe gelagert, verstärkten sich durch Zuzug, der täglich über den Rhein herüber eintraf und hatten vor bis gegen Lenzkirch hinabzuziehen, um so den Wald bis gen Freiburg zu gewinnen. So berichtet[5]) Ritter Balthasar von Blumeneck an Freiburg, das er inständig um Hilfe bittet, um die Schanze und das Thal gegen Lenzkirch hin halten zu können. Wohl hatte der Ritter die Furcht etwas vergrößert, um die Freiburger zu schleunigem Handeln zu bringen; denn die Schweizer mußten jedenfalls zuerst sich des Klettgaus versichern, bevor sie an Lenzkirch denken konnten. Drum zogen sie auch zunächst Thiengen und Waldshut zu, wie auch, von letzterer Stadt aus, an Freiburg berichtet wird.[6])

In Waldshut lag noch immer der frühere Zuzug Freiburgs auf den Wald unter Michel Meiger und hatten sich bereits zahlreiche Adelige mit ihren Knechten dort eingefunden, die sich jetzt schon auf eine Belagerung gefaßt machten;[7]) unter ihnen Bilgeri von Heudorf und wahrscheinlich die Grafen von Sulz und Thengen. Am 28. schworen die Bauern von Erzingen den Schweizern, die am gleichen Tage das Schlößlein[8]) des Edlen, Heinrich

---

[1]) Diese hatten ja den Bund mit Mühlhausen geschlossen und den Zug veranlaßt.
[2]) „Das mengem Bidermann die Augen übergingen von rechten Fröwden." Schilling d. 24.
[3]) Sonntag nach Margarethentag gibt Wurstisen p. CCCCXXXII genau an. Es ist aber, wie wir später sehen werden, dies Datum zu spät gegriffen.
[4]) Tschudi 2, 687.
[5]) Schreiber Urkb. 2, 498.
[6]) Schreiben des Michel Meiger an Freiburg vom 28. Juni. Schreiber l. c. p. 499.
[7]) Nach eben citirten Schreiben Meigers, der auch um Soldgeld bittet für seine Gesellen; der Bote, der es bringen soll, sollte auf dem Herweg auch spioniren, wo die Feinde lägen.
[8]) Im Wuttachthale gelegen, bis vor Kurzem im Besitz des Klosters Rheinau.

von Erzingen, Ofteringen gewonnen und verbrannt und sich wieder zwischen Schaffhausen und Wilchingen zurückgezogen hatten.¹)

Auf die Nachricht, daß tausend Mann vom Ochsenfeld abgeschickt dem Wald zuzögen, rückten sie das Klettgau herab; am 6. Juli, Morgens 10 Uhr, standen sie bereits zweitausend Mann stark auf dem Arberg (jetzt Kalvarienberg) bei Waldshut, wo die Bauern die aufgeworfene Letze (Schanze) verlassen hatten.²)

Schon befürchtete man, sie würden sich vor die Stadt legen, als die Nachricht, daß sie Bürglen³) angezündet hätten, zeigte, daß sie den Zug auf den Wald nahmen. Sie kamen ungehindert über das Dorf Waldkirch hinaus bis nach Remetschwil,⁴) wo die Bauern eine gewaltige Letze aufgeworfen hatten, fest entschlossen, sie zu vertheidigen. Aber sie wurden von zwei Seiten angegriffen, von der einen griffen, wahrscheinlich durch das Werrathal heraufgerückt, die tausend Kriegsknechte vom Ochsenfeld, auf der andern die aus dem Klettgau gekommenen Schaffhauser unter dem Züricher Felix Keller die Schanze an.⁵) Die sonst kriegsgewohnten Waldleute mußten nach hartnäckigem Widerstande mit Verlust von dreißig Todten und einigen Verwundeten die Schanze räumen. Die Eidgenossen, die übrigens von ihrem Zusammentreffen an der Letze trefflich unterrichtet sein mußten, hatten nur dreizehn Verwundete, aber auch nur drei Gefangene gemacht.⁶)

Doch hatten sie durch Erstürmung dieser Schanze viel gewonnen, der Wald ringsum und das reiche Kloster St. Blasien war jetzt in ihrer Gewalt. Letzterm wollten sie auch sofort nach dem Siege einen Besuch abstatten und waren bereits, überall auf dem Wege den Bauern das Vieh wegnehmend, bis nach Häusern vorgedrungen,⁷) wo sie Nachts halber Halt machen und

---

¹) Blumeneck an Freiburg unterm 30. Juni. Schreiber l. c. p. 400.
²) Ulrich von Rümlantt an Balthasar v. Blumeneck, wahrscheinlich von Waldshut aus. Ulrich gab dem Blumeneck den Rath, gegen die Schweizer heraufzuziehen, (falls sie auf dem Aarberg geblieben wären) und auch die Leute des Grafen v. Fürstenberg an sich zu ziehen. Schreiber l. c. p. 503.
³) Eine Stunde nördlich von Waldshut dem Walde zu. Es waren dort herrschaftliche Gebäude von St. Blasien.
⁴) 2 Stunden nordwestlich von Waldshut, St. Blasien zu.
⁵) Edlibach p. 128, versetzt diesen Kampf um die Schanze bei Waldkirch in die Zeit der Belagerung Waldshuts; was aber nach dem Gesagten falsch ist.
⁶) Dieser Kampf hatte am 7. Juli stattgefunden, denn am achten Juli waren die Eidgenossen, nachdem sie noch den Streifzug gegen St. Blasien hin gemacht, schon wieder in Thiengen. Tschudi 2, 687 nimmt also mit Unrecht den St. Kilianstag (8. Juli) an. Wir folgen dem urkundlichen offiziellen Bericht der österreichischen Hauptleute am Rhein und Wald an Freiburg vom 8. Juli, Schreiber l. c. p. 504. Auch gibt Tschudi l. c. die Zahl der erschlagenen Bauern auf 50 an, Schilling p. 14 auf 80, unser Bericht nur auf dreißig.
⁷) „also zugend der Eidgenossen Knecht desselben Tags fürbas hinein in den Wald bi einer grossen Mil bis zu den Häsern." Tschudi 2, 687. Häusern ist ½ Stunde von St. Blasien.

Lager nehmen mußten. Da, in der Frühe des andern Morgens, traf der Abt des Klosters, Christoph von Grüt, mit vier Benedictinern bei den Eidgenossen ein und begann mit ihnen zu unterhandeln. Um breitausend Gulden, in zwei Raten zahlbar, die erste in vierzehn Tagen,¹) versprachen die frommen Schweizer, das Gotteshaus, dessen Leute und Güter zu schonen und ganz aus dessen Gebiet zu ziehen. Gerne ging wohl der Abt dieses ein, worauf die Eidgenossen ihm die drei Gefangenen losgaben und noch am gleichen Tage (8. Juli) nach Thiengen herabzogen und das Städtchen mit 600 Mann besetzten; das geraubte Vieh aber nahmen sie mit gen Schaffhausen.²)

Die Herren Ritter hatten sich auf die Kunde vom Zug der Feinde auf den Wald alsbald „trefflich zu Roß und zu Fuß" verstärkt und sich angeschickt, dieselben vom Walde herabzuschlagen. Diese waren ihnen aber zuvorgekommen und hatten bereits Thiengen genommen, ehe jene auf den Wald gerückt waren. Jetzt beschlossen sie, die Eidgenossen in Thiengen mit aller Macht zu belagern und gingen namentlich Freiburg an um Hilfe „zu Roß und zu Fuß", insbesondere aber um Zusendung der trefflichen Büchse, das „Rümeli" genannt.³) Während die in dem Städtchen lagernden Schweizer dasselbe nach Kräften in Vertheidigungszustand setzten, zog der größere Theil ihrer auf breitausend Mann angewachsenen⁴) Macht gegen Schaffhausen auf das Rafzerfeld und lagerte sich hier und in den umliegenden Dörfern.⁵)

Indeß waren die anderen Eidgenossen den Sundgau herauf bis gegen Basel gekommen, wo sich entscheiden sollte, ob sie heimziehen oder sofort mit aller Macht in das Klettgau ziehen wollten. Bern und Solothurn waren der Ansicht, auf einem Tag zuerst das Weitere zu bereden, und zogen heim. Deß weigerten sich die anderen, namentlich Luzern und Zürich — sie wollten nicht heim ziehen, ehe sie „ganzen und guten Frieden" heimbrächten⁶); und dann war ja für Schaffhausen noch nichts geschehen. Drum forderten sie in Basel Durchzug durch die Stadt, um über die Rheinbrücke auf das rechte Flußufer zu gelangen, und als die neutralen Basler dies abschlugen, zeigten sie solchen Ernst, daß man in der Stadt alle Thürme und Mauern mit Geschützen und Leuten versah.⁷) Doch begnügten sie sich den Baslern

---
¹) Der Abt bezahlte wirklich nach vierzehn Tagen den Eidgenossen 1500 fl. gen Thiengen; um die andere Hälfte erhielt er zunächst Aufschub, später faktischen Nachlaß.
²) Tschudi 2, 687. Schilling p. 14.
³) Nach eben citirtem Berichte der Hauptleute und der Ritterschaft. Die Sitte, jedem Geschütz einen Namen zu geben, war damals allgemein. So hießen Berner Büchsen „das Kätterlin", „die Reimerin"; v. Rodt (Geschichte des bernischen Kriegswesens 1, 91.
⁴) Durch den Zuzug vom Ochsenfeld.
⁵) Blumeneck an Freiburg d. d. 16. Juli 1468. Schreiber l. c. p. 505.
⁶) Schilling p. 24.
⁷) Wurstisen p. CCCCXXXII.

ihre Gärten und Güter um die Stadt herum zu verwüsten und zogen dann auf dem linken Rheinufer hinauf; einen Streifzug aber warfen sie vielleicht doch über den Rhein, wenigstens wird in der Nacht des 13. Juli nach Freiburg berichtet, daß Schweizer bei Bernau, zwei Stunden nordwestlich von St. Blasien stünden.[1]) Die Hauptmacht, die Züricher unter dem Hauptmann Heinrich Schwend, die von Luzern unter ihrem Schultheißen Heinrich von Hunwyl lagerten am 19. schon auf dem Rafzerfeld über breitausend Mann stark und erwarteten Zuzug von Schaffhausen und wahrscheinlich von Appenzell, welch letztere eben erst[2]) dem Herzog ihren Fehdebrief zugesandt hatten. Daß auch St. Gallens Abt mit seinen Gotteshausleuten Oesterreich abgesagt, und seine Kriegsknechte vor Waldshut hatte, ist auffallend, da er doch Reichsfürst war und ihm des Kaisers gleich zu besprechende Aufforderung an Fürsten, Herren und Städte des Reiches galt; und doch steht es urkundlich fest[3]). Ein Erklärungsgrund möchte darin zu suchen sein, daß er nicht solange vorher mit dem Herzog Sigismund Spänne wegen Vergrößerungs-Versuchen auf Kosten des Hauses Oesterreich gehabt hatte.[4])

Als die auf dem Rafzerfeld zu lange des Zuzugs warten mußten, und sonst Meinungsverschiedenheiten unter ihnen entstanden, zogen am 19. fünfzehnhundert Mann heim, die anderen bestimmten einen Tag zu Bülach,[5]) um über weiteres Vorhaben zu berathen. Die Verabredung wurde jedoch nicht gehalten, und der Zuzug mußte noch am gleichen Tage eingetroffen sein, denn schon am 20. Juli Abends war die ganze Macht der Eidgenossen bis nach Thiengen herabgerückt und wußten die Ritter nicht, ob sie sich vor Waldshut lagern oder nochmals über den Wald ziehen würden. Schnell schrieben sie in's Breisgau hinab, um den Landsturm, alles, was „Stab oder Stangen tragen" könnte, an die Letzen auf dem Wald bei St. Blasien zu kommandiren.[6]) Auch von anderer Seite erwarteten sie Hilfe.

[1]) Schreiben des Comthurs Rudolf von Baden zu Heitersheim an Freiburg d. d. 18. Juli, Nachts. Schreiber l. c. p. 505. Die Nachricht wird jedoch als leeres Geschrei bezeichnet in dem Briefe Blumeneck's an Ritter Martin von Staufen. Schreiber l. c. p. 516.
[2]) Am 13. Juli. o. O. Lichnowsky 7, CCCLXXXVIII.
[3]) Siehe unten Beilage IV. Bericht der Züricher Hauptleute wegen des Sturmes. Der damalige Abt war der tüchtige Ulrich Rösch. Baumgartner, Geschichte von St. Gallen p. 44.
[4]) Lichnow. 7, 117.
[5]) Zwischen Zürich und Schaffhausen gelegen. So berichtet Ritter Balthasar von Blumeneck an seinen Schwager Ritter Martin von Staufen, unterm 19. Juli; woraus zugleich hervorgeht, daß die Eidgenossen vor dem 17. vom Ochsenfeld aufgebrochen sein mußten, da sie am 19. schon bei Rafz standen. Schreiber l. c. p. 506.
[6]) Schreiben des Ritters von Staufen an Rudolf von Baden, und der Räthe des Herzogs Ulrich von Frundsberg und Jakob Trapp, die in St. Blasien eingetroffen waren, an Freiburg; beide vom 20. Juli. Schreiber l. c. 506 und 507.

Der Kaiser hatte sich indeß zu Gunsten des gedrängten Sigismund geregt und den Grafen Eberhard von Württemberg von Reichswegen gemahnt, dem Herzog gegen die Eidgenossen beizustehen.¹) Zu gleicher Zeit hatte Herzog Ludwig, der Reiche, von Bayern, Sigismunds treuer Freund und Verbündeter, demselben Hilfe und Vermittlung in einem Schreiben seines gewandten Rathes Dr. Maier²) an den herzoglichen Kammermeister Mathias Türnblein anbieten lassen. Aus diesem interessanten Schreiben³) erfahren wir Folgendes:

Dr. Maier theilt seinem Freunde Türnblein im Geheimen mit, daß es dem Herzog Ludwig, dem Pfalzgrafen Friedrich und dem Grafen Ulrich von Württemberg, trotz „ihrer verbrieften Freundschaft"⁴) mit dem Herzoge Sigismund, doch nicht recht darum sei, die Schweizer auf sich zu laden. Sigismund habe daher nur langsame oder gar keine Hilfe von diesen Herren zu erwarten, wodurch dann der Schweizer „Pracht und Hochmuth" überhand nehmen und den Fürsten und Herren am Rheine „merklicher Unrath" von jenen erwachsen würde. Darum solle der Herzog ernstlich sich an den Kaiser wenden, damit dieser persönlich in das Reich komme und in Kraft des gebotenen fünfjährigen Friedens Fürsten, Grafen, Herren, Ritter und Städte zu ernstem Zuge gegen die Eidgenossen mahne. Könne Friedrich nicht selbst kommen, so möge er als oberster Feldhauptmann, mit voller kaiserlicher Gewalt, den Kurfürsten Friedrich, den Siegreichen,⁵) von der Pfalz, der als Kriegsmann hochgeachtet sei, und den er (Maier) dazu zu gewinnen hoffe, ernennen und aufstellen. Geschähe dieses, so müßte auf einem Tag zu Heilbronn, Wimpfen, Speier oder Straßburg bestimmt werden, wie viel Volk jeder der Reichsstände und Städte zu schicken hätte, und sie dann bei des Reiches und der Kirche Strafen zu schleunigem Zuzug aufgefordert werden.

Dies der Vorschlag Maiers, der allerdings auf ein gründliches Niederschlagen der Eidgenossen hätte führen können, bis zu seinem Vollzug aber diesen Zeit genug gelassen hätte, gemüthlich sämmtliche österreichischen Vorlande in Besitz zu nehmen. Er kam nicht zur Ausführung. Einmal konnte der

---

¹) 1468 Juli 18. o. O. (wahrscheinlich Graz) Lichnow. 7, CCCLXXXVIII.
²) Maier, ein geborener Heidelberger, Schüler des berühmten Georg von Heimburg, war einer der bedeutendsten und gefürchtetsten Diplomaten seiner Zeit. Näheres über ihn bei Kluckhohn, „Ludwig, der Reiche, Herzog von Bayern" p. 155 ff.
³) d. d. 8. Juli 1468. o. O. (jedenfalls Landshut). Das Schreiben ist abgedruckt bei Lichnow. 7, CCCCLXXXII.
⁴) cfr. Kluckhohn p. 250.
⁵) Der „böse Fritz" hatte wenige Jahre zuvor (30. Juni 1462) jenen glänzenden Sieg bei Seckenheim erfochten, in dem er den Grafen Ulrich von Württemberg, den Markgrafen Karl von Baden und die Bischöfe von Metz und Speier gefangen nahm.

Kaiser nicht selbst herauskommen, da er während des Krieges, den König Mathias von Ungarn für ihn gegen den Hussitenkönig Georg Podiebrad und dessen Sohn Victorin führte, für sein Erbland in Oesterreich zu fürchten hatte;[1]) sodann lag Friedrich schon lange mit dem Pfalzgrafen, den er nicht als Kurfürst anerkennen wollte, im Zerwürfniß, und hätte diesem wohl nie einen Hauptmannschaftsbrief mit voller kaiserlichen Gewalt ausgestellt. In wie weit auch Sigismunden Maiers Vorschlag genehm war, wissen wir nicht, sicher ist, wie wir bald sehen werden, daß er beim Kaiser, der schon im Interesse ihrer Hausmacht auftreten mußte, Schritte that. — Kehren wir zurück zum Kriegsschauplatze.

Am 20. Juli hatten sich, wie schon bemerkt, die Eidgenossen bis nach Thiengen herabgezogen und lagerten von da bis hinauf an die Mündung der Wuttach in den Rhein, während das österreichische Kriegsvolk zum Theil nach Waldshut, größten Theils aber an die große Letze, die von St. Blasien herüber bis nach Gutenburg[2]) lief, gezogen war. Die bei Thiengen liegenden Schweizer waren zumeist Schaffhauser und Züricher. Die von Luzern hatten sich nach Baden hin gezogen, von wo aus sie Mahnbriefe zum Zuzug nach Bern und anderen Orten sandten[3]) und verstärkt durch Glarus, Zug und Schwyz am Freitag Abend den 22. Juli, als die ersten, vor Waldshut eintrafen,[4]) wohin sofort die von Thiengen her nachrückten. Und nun ein Wort über Waldshut, seine Besatzung und seine Befestigung, ehe wir an die Belagerung gehen.

Die Stadt Waldshut, auf dem rechten, hier ziemlich hohen Ufer des eben durch die Aar verstärkten Rheines gelegen, verdankt ihre Entstehung dem Hause Habsburg und zwar dem Landgrafen Albrecht oder vielleicht besser dessen Sohn Rudolf I., dem nachmaligen Kaiser,[5]) der ihr wegen der Lage am Eingang des Waldes und Gebirges den Namen „Waldeshuot" und

---

[1]) Lichnow. 7, 110 ff.
[2]) ¼ Stunden nördlich von Waldshut.
[3]) Etterlin p. 188. Er war Gerichtsschreiber zu Luzern um diese Zeit und im burgundischen Kriege Hauptmann.
[4]) Schilling p. 211. Dies Datum des Belagerungsanfangs stimmt; denn schon am 24. meldet der Amtmann des Markgrafen Karl von Baden, Wilhelm von Urbach, an Freiburg, daß er deren Schreiben, worin sie ihm mittheilen, daß die Eidgenossen vor Waldshut lägen, soeben empfangen habe. Schreiber Urkb. 2, 508.
[5]) Nach der bis vor Kurzem noch an der Innenseite des oberen Thores geschriebenen Inschrift, die wir gleich ganz hier hersetzen, um später nochmals darauf zurückzukommen. Sie lautete (im Lauf der Zeit öfters am Thore erneuert und sprachlich umgestaltet):
Landgraf Albrecht hat mich erbaut anno 1242
Dessen Sohn Rudolf Gott vertraut,
Hat gestiftet das Haus Oesterreich

städtische Einrichtungen und Privilegien verlieh.¹) Treu hielten die Bürger an das Haus Oesterreich, dem sie manchen Mann opfern mußten in den Schweizerschlachten des 14. und 15. Jahrhunderts; am meisten aber litten sie Noth in unserer Belagerung vom Jahr 1468.

Gleich mit Beginn des Krieges, beim Einfall derer von Schaffhausen in das Klettgau hatten sich die meisten abeligen Herrn dieses Gaues in die befestigte Stadt geworfen, da sie mit ihren wenigen Kriegsknechten im offenen Felde den Schweizern nicht Stand gehalten hätten, und viele von ihnen in der Stadt Bürgerrecht hatten und darin zu wohnen pflegten. So die Ritter und Edelknechte von Rumland, von Erzingen, von Enbingen, von Kloten, von Strittberg, von Münchingen, von Griesheim, von Honstetten u. A.²) Ihnen voran war der unruhige Bilgeri in die Stadt eingezogen und von Seiten des Herzogs der alte, kriegsergraute Ritter Wernher von Schinen³) mit achthundert streitbaren Mannen.⁴)

Befestigt war die Stadt, wie alle damaligen Städte und festen Plätze, wonach das allgemein angenommene System dieses war: als Haupteinfassung lief rings um die Stadt eine hohe Ringmauer, in gewissen Entfernungen theils durch viereckige, theils durch runde vorspringende Thürme flankirt, das Ganze oben mit sog. Zinnen, an andern Stellen mit Schießlöchern versehen, auf und hinter welchen die Besatzung sich aufstellte, wozu längs der innern Seite der Mauer bedeckte Gänge angebracht waren. Um den an den Fuß der Mauer oder des Thurmes vorgedrungenen Feind vom Ersteigen

  Welches ehrwürdig und mildreich
  Sich hat geschwungen hoch empor.
  Der Höchst erhalt's allzit in Flor,
  Für dies hab' ich getreu hergeben
  Mit meinem Blut mein Leib und Leben;
  Da das benachbart Schweizerland
  Wohl mit sechszehntausend Mann
  Mich sieben Wochen und drei Tag
  Ohn geringsten Gewinn belagert hat;
  Und alles dieses ward vollbracht
  Im Jahr vierzehnhundert sechzig und acht.
  Da Erzherzog Sigismund
  Im Schild zu führen mir vergunnt,
  Ein rother Löw mit Weiß geziert,
  Am blauen Feld illuminirt,
  Weil ich mich hab' so trefflich gwert,
  Haus Oesterreich gliebt und beständig gehrt.
  O Gott erhalt durch deinen Namen
  Diesen so höchst glorreichen Stammen.

¹) Fecht, südwestlicher Schwarzwald p. 133 ff.
²) Mone, Zeitschrift zur Geschichte des Oberrheines 19, 472.
³) Die Edlen von Schinen, ursprünglich eine Dienstmannsfamilie des Hochstiftes Constanz, bewohnten die Veste Schroßburg auf dem Schinerberge am unteren Bodensee. Mone, Zeitschrift zur Geschichte des Oberrheines 19, 478.
⁴) Stettler p. 193. Schilling p. 25.

derselben abzuhalten, bildeten die Werke oben am Fuß der Zinnen einen Vorsprung mit Oeffnungen, durch welche längs der Mauer hinab siedendes Wasser, Pech oder ähnliche Materialien auf die Stürmenden gegossen werden konnten; eine Einrichtung, die besonders auch ob den Thoren angebracht war, deren Waldshut damals vier hatte, zwei Hauptthore, am Ostende (das obere) und am Westende (das untere), ein nördliches Seitenthor gegen den Wald (Waldthor) und ein südliches gegen den Rhein (Rheinthor), deren Eingang außer den darauf gebauten Thürmen, die noch innerhalb angebrachten Fallgitter schützten. Vor der Hauptmauer nun, durch einen Zwischenraum (Zwingolf genannt) getrennt, lief eine zweite niederigere Ummauerung, die an den Graben stieß, um die Stadt herum, ebenfalls durch vorspringende Werke flankirt, die man Strichwehren nannte, weil sie bestimmt waren den Graben, der, von Stein aufgemauert, von ansehnlicher Breite und Tiefe war, zu bestreichen, und die deßwegen ebenfalls mit Schießlöchern versehen waren. Von den Thoren führten Zugbrücken über den Graben, auf welchen Punkten die Zugänge, aber gewöhnlich erst in Kriegszeiten, durch besondere Außenwerke, Bollwerke genannt, aus Balken, Baumstämmen und ähnlichen Materialien aufgeführt, versperrt waren.[1]) Solcher Bollwerke wird vor Waldshut namentlich Erwähnung gethan.[2])

Auf der Südseite, wo Waldshut durch den Rhein vertheidigt wurde, waren natürlich die künstlichen Vertheidigungswerke nicht in dem Umfang und der Stärke wie auf den andern Punkten. So war Waldshut im Allgemeinen befestigt; wie nun wurde es vertheidigt?

Die ersten Vertheidigungsanstalten waren, wie jetzt noch, die Wegräumung (Rasirung) aller Gegenstände, welche den Gesichtskreis vor der Stadt verengen oder die Schußlinie unterbrechen und dem Feinde zum Schutz dienen konnten, als Bäume, Gebäude ꝛc.; sobann wurden Bollwerke vor den Thoren angelegt, namentlich wurde ein solches am oberen und eines am untern Thore der Stadt aufgeworfen. Zu den Anstalten im Innern der Stadt gehörten nebst der Vertheilung der Besatzung auf die Zinnen und Vorwerke, die Bestimmung gewisser Lärmzeichen zur schleunigen Versammlung der Besatzung, Einstellung des gewöhnlichen Geläutes und Glockenschlages zur Verhütung von Mißverständnissen und der aus jenen Zeitbestimmungen dem Feinde zu Gute kommenden Vortheile. So lange der Feind noch in einiger Entfernung vom Platze stand, wurde bloß mit Feuergeschütz manöverirt, wobei es namentlich auf Zerstörung der feindlichen Büchsen und Erlegung der solche leitenden Büchsenmeister abgesehen war. Namentlich war Waldshut

---

[1]) Nach Emanuel v. Rodt, „Geschichte des bernerischen Kriegswesens 1, 102 ff.
[2]) Siehe unten Bericht IV, Beilage.

damals mit trefflichen Hackenbüchsen armirt.¹) Kam der Feind näher, so schossen die hinter den Mauern aufgestellten Kriegsknechte sowohl mit Pfeilen, als mit Handröhren.

Dies war die Stabt, ihre Besatzung, Befestigung und Vertheidigung; betrachten wir nun den Verlauf der Belagerung und die Ereignisse während derselben.

Am Abend des 22. Juli also waren die von Luzern vor der Stadt eingetroffen, wo man die Schweizer zwar erwartet hatte, aber doch auf einen sofortigen Sturm nicht gefaßt gewesen wäre. Darum, meinte man im Lager der Eidgenossen später, wenn die Luzerner noch am gleichen Abend gestürmt hätten, sie würden die Stadt genommen haben;²) was uns aber, nachdem die Belagerung sich in die Länge gezogen hatte, leeres Lagergeschwätz gewesen zu sein scheint. Die Luzerner und mit ihnen die von Schwyz und Glarus, zu denen von Thiengen her andern Tages die von Schaffhausen und Zug und vielleicht gleichzeitig (jedenfalls nicht viel später) die von Appenzell, St. Gallen (Stadt und Gotteshaus) gestoßen waren, wollten und konnten jedenfalls in den ersten Tagen nichts wichtiges vornehmen, bevor die von Bern und Zürich,³) die am besten mit Geschütz versorgt waren und auch sonst am meisten Ansehen in der Eidgenossenschaft hatten, eingetroffen waren. Mittlerweile wird ihre Beschäftigung gewesen sein, sich Lagerplätze zu suchen und ihre Zelte aufzuschlagen, wobei jede Landsmannschaft für sich, das Banner in der Mitte, sich im Kreise um dieses lagerte⁴). Jene ließen auch nicht lange auf sich warten. Die von Zürich verstärkten am 26. Juli die Ihrigen durch 1500 Mann unter dem Hauptmann Eberhard Ottikon, die zu Schiffe eine ihrer großen Büchsen und anderes Belagerungszeug mitgebracht hatten⁵).

Die von Bern, wohl zur gleichen Zeit ausgezogen, kamen mit zweitausend Gewappneten unter Petermann von Wabern und Kaspar von Scharnachthal, das Banner trug als Venner⁶), Peter Bomgarter, ein Schmied. Sie führten zwei große Hauptbüchsen, Böller und andern Zeug mit sich und hatten sich ihnen, wie immer, die von Solothurn mit einem Fähnlein „ehrlichen Volkes" angeschlossen⁷). Ihr Lager nahmen Bern und

---

¹) v. Rodt p. 91.
²) Schilling p. 14. Stettler p. 193.
³) Zwar waren schon Züricher bei denen von Schaffhausen, aber ohne Belagerungszeug.
⁴) v. Rodt 1, p. 111.
⁵) Eblibach p. 128. Gerold Eblibach von Zürich war zu dieser Zeit 14 Jahre alt. Tschudi 2, 698 läßt unrichtig alle Eidgenossen erst heimgehen und dann am 26. Juli ausziehen.
⁶) Der Venner (Fähndrich) war im Rang nach dem Hauptmann der erste.
⁷) Schilling p. 25.

Solothurn und mit ihnen die ebenfalls angerückten von Uri und Unterwalden an der untern, westlichen Seite der Stadt, während alle übrigen auf der obern östlichen und nördlichen Seite lagen; auf letzterer, gegen das Waldthor hin namentlich die von Schaffhausen[1]). Die Belagerung begann.

Wollen wir den Tag bestimmen, so dürfte es der 29. Juli sein, an dem die ersten Schüsse fielen; denn an diesem Tage wird zum ersten Male berichtet,[2]) daß die „frommen Leute" in Walbshut in großer Nothburft seien, und vor diesem Tage konnten die Eidgenossen, von denen die Berner, Solothurner und Züricher eben erst eingetroffen waren, kaum zur Belagerung fertig sein. Die Berner hatten ganz nahe gegen die Stadt ihre ungeheuren Steinbüchsen aufgeführt, die sie 1415 in Nürnberg gekauft hatten und aus denen sie Steinkugeln von einem und mehr Zentner warfen[3]). Der erste Schuß, den einer der Büchsenmeister der Berner that, schlug das untere Stadtthor ein, die folgenden Schüsse zerstörten einen Rundthurm in der Mauer, aus dem die Belagerten auf die Batterien der Berner, auch nicht ohne Schaden der letzteren, gefeuert hatten[4]). An den zunächst folgenden Tagen fielen noch einige kleine Thürme durch die Berner Büchsen und an verschiedenen Theilen der Mauer ward starke Bresche geschossen[5]). Außerdem schossen die Berner noch mit Böllern, im Aeußeren unseren Mörsern ähnlich, womit sie ebenfalls Steinkugeln, aber mit Feuerwerkstoff überzogen, in die Stadt warfen, die Häuser beschädigten und manche Leute drinnen tödteten. Auch die von Zürich, die nächst den Bernern das größte Geschütz hatten, verursachten merklichen Schaden, namentlich, da sie stark auf den Thurm der obern Kirche feuerten.[6]) Aber auch die in der Stadt thaten ihr Bestes, die Ritter und Kriegsknechte gaben scharf Gegenfeuer und tödteten namentlich einen Büchsenmeister und andere „ehrliche Leute" von Bern.[7])

Auch außerhalb ihres Lagers hatten die Eidgenossen großes Kriegsleben hervorgerufen, hinab bis in's Breisgau, wo man immer noch und jetzt

---

[1]) Siehe Beilagen, Bericht V. die Berner, Uri und Unterwalden lagerten bis gegen Dogern hin. Schilling p. 216.
[2]) Der Hofmeister Sigismunds von St. Blasien aus an Freiburg. Schreiber Urkb. p. 509.
[3]) v. Rodt l. c. p. 83 und 93. Steinkugeln waren damals allgemein; geladen wurde mit ungekörntem Pulver, das nach Art unserer Patronen in calibermäßige Säcke verschlossen, mit dem Setzkolben in das Rohr binabgestoßen wurde, worauf dann ein hölzerner Klotz als Pfropf, und auf diesen „der Stein" kam. Mit einer Zündnadel wurde sodann die Patrone durchstochen, das Zündloch mit Zündpulver bestreut und mit einer glühenden Kohle losgebrannt. Rodt p. 84. Zwei der großen Steinkugeln der Berner sind jetzt noch am untern Stadtthor.
[4]) Schilling p. 26.
[5]) „das gar ein große Wite ward". Schilling p. 27.
[6]) Siehe Berichte.
[7]) Schilling p. 27.

auf's Neue in Furcht stand, die Schweizer kämen. Schon am 23. Juli hatten die österreichischen Räthe Ulrich von Frundsberg und Jakob Trapp, Hofmeister, und der Landvogt Thüring von Hallwil mit den Städten des Breisgau's in Neuenburg getagt und ward beschlossen, daß letztere in dem Breisgau, zu Ehrenstetten¹) ein Lager schlügen, wo denn auch die von Breisach bereits am 25. eintrafen,²) und von wo sie nach wenigen Tagen Jakob Trapp auf den Wald rief. Er schrieb am 29. von St. Blasien aus an Freiburg,³) daß er und alles Volk bei ihm an die Letze gezogen seien, wo sie, wie die Kundschaft laute, der Feind suchen wolle; sie aber seien zu schwach, um die Schanze zu halten, weßhalb man von Stund an im ganzen Breisgau stürmen und unverzüglich mit Proviant versehen⁴) nach St. Blasien zu ihm an die Letze ziehen solle.

Die Ritterschaft des Breisgau's hatte sich am Rheine heraufgelegt zwischen Rheinfelden und Laufenburg und hatte namentlich der Markgraf von Baden eine ziemliche Anzahl Fußvolk unter Wilhelm von Urbach bei Rheinfelden stehen.⁵) Thüring von Hallwil commandirte hier und zog mit seinen Leuten in den ersten Tagen des August bis herauf nach Albbruck, wo vom Gebirge her bis an den Rhein hin ebenfalls eine Letze aufgeworfen war.

Auch vom See und Hegau her regte es sich gegen die Schweizer. In den letzten Tagen des Juli war Herzog Sigismund selbst von Innsbruck in Radolfzell eingetroffen, wohin Trapp sofort zu ihm eilte, um, gestützt durch des Herzogs persönliche Anwesenheit, die Grafen von Württemberg und die Ritterschaft im Hegau aufzubringen.⁶) Was aber war der Grund, warum der besorgte Hofmeister Briefe auf Briefe an das gewaltige Freiburg sandte, den Landsturm im ganzen Breisgau aufrief und die Ritterschaft von allen Seiten zuzuziehen suchte, und das alles gegen die acht bis zehntausend Schweizer vor Waldshut?

Der Grund war kein anderer und kein geringerer, als weil man einen Abfall der Waldleute und der Waldstädte zu den Eidgenossen befürchtete.

Schon längst mochten die von Alters her in einem gewaltigen Freiheitsgeiste aufgewachsenen Waldleute⁷) sich hingezogen fühlen zu dem unabhängigen, tapfern Schweizervolke in der Nachbarschaft, das mehr und mehr

---

¹) 3 Stunden oberhalb Freiburg dem Walde zu.
²) Schreiben derer von Breisach an die von Freiburg vom 24. Juli. Schreiber p. 509.
³) Schreiber p. 509.
⁴) Sämmtliche Klöster im Breisgau und auf dem Walde wurden vom Hofmeister gemahnt mit ihren Wägen Kost nach Lenzkirch zu führen. Schreiber p. 511.
⁵) Schreiber Urkdb. p. 510.
⁶) Schreiben Hallwil's an Freiburg vom 2. August. Schreiber p. 512.
⁷) Siehe meine „Salpeterer" 2. Aufl. p. 2 ff.

altabeligen Besitz und Rechtsansprüche aus seiner Mitte verbrängt hatte; während sie, die Waldleute, ungern sich von umliegenden Herren und dem Gotteshaus St. Blasien abhängig sahen. Auf die Städte am Wald hin, wie Waldshut und Laufenburg, hatte wohl das Beispiel Schaffhausens, das mit Hilfe der Eidgenossenschaft herrenlos und unabhängig geworden war, anstecklend eingewirkt und war ihnen nicht zu verübeln, wenn sie ähnliche freiheitliche Gelüste hegten. Jetzt waren sie da, die Eidgenossen, die schon so manche Stadt der österreichischen Herrschaft entzogen; bereits hatten die Bauern im Klettgau, und wohl auch das Städtchen Thiengen, das sie besetzt hielten, zu ihnen geschworen — sollte man nicht diese Gelegenheit benützen, um in die mächtige Eidgenossenschaft einzutreten und dadurch frei und selbst= ständig zu werden? Dazu kam noch, daß die „frommen Eidgenossen" nichts unversucht ließen, um die Leute in ihre Verbrüderung zu bringen, wohl erkennend, welch wichtige und große Erwerbung für sie der Wald und die Waldstädte wären.

So standen die Sachen, und daß sie so standen, darüber soll uns der herzogliche Diplomat und Hofmeister Jakob Trapp selbst belehren. Er schreibt unterm 31. Juli von St. Blasien aus an Freiburg unter Anderm Folgendes: „Und on zwifel für war, es stat die sach also, wo nit stark zugezogen wirt, nit mit den vinden zu slahen,[1] sunder Waltzhut vnd den stetten vnd walblüten zu trost, vnd· on zwifel söllen ir sin, wo ich mit den so by mir sind nit hie wer, se wer der gantz walb on allen zwifel Switz, zug man nu tröstlich zu, damit wurden die walblüt bester besser zu behalten. Wann in geheim wisset, das sölch groß suchung an die lüt und stett ist, sich zu den Aidgenossen ze tuon, vnd wellen sy lassen ein ort der Aidgenossen sin. Tuond es doch ûwer selbs, aller eren und trüw willen, vnd ziehen her, denn es ist not vff bismal allein des fürnemens halb, wann wo das beschäch, mögen ir wol verstan was es wurd."[2]

So der Hofmeister Sigismunds, der die große Gefahr wohl einsah, die seinem Herrn drohte und auch Freiburg auf seine eigene aufmerksam machte. Es war in der That ein gewaltiger Gedanke der Eidgenossen und namentlich, wie wir bald sehen werden, der Berner, das treffliche Waldvolk mit den Stämmen an den Alpen zu verbrüdern. Welch mächtiger, demo= kratischer Staat wäre daraus erwachsen, welches wäre, vielleicht noch für unsere Tage die große Folge davon gewesen?! — —

Indeß die Eidgenossen Waldshut Tag und Nacht beschossen und arg nöthigten, war auch ein kaiserliches Mahnungs=Schreiben an sie eingetroffen.

[1] Es war ihm nicht sowohl darum zu thun, mit dem Feinde sich zu schlagen, als um die Waldleute und Städte vor dem Abfall zu hindern.
[2] Schreiber Urkdb. 2, 511. Er bittet im gleichen Schreiben die Freiburger um Zusendung von drei Buch Papier und grünem Wachs.

In der Nacht vom 5. auf den 6. August erschien der kaiserliche Bote Hans Haiber bei dem Grafen Hans von Werdenberg, Coadjutor des Stiftes Augsburg und Rath des Herzogs Ludwig von Bayern, in Landshut mit einem offenen kaiserlichen Brief an die Eidgenossen und einem Sendbrief an den Grafen selbst, worin ihm der Kaiser besiehlt, den offenen Brief den Eidgenossen zu überantworten.

Werdenberg ließ sofort den Dr. Maier zu sich rufen, ihm die Briefe vorlesen und berieth sich sodann mit demselben, wie des Kaisers Befehl zu besten Gunsten des Herzogs nachzukommen wäre. Das Resultat der Berathung theilten sie, wie folgt, diesem am andern Tage [1]) mit:

Zunächst setzen die Beiden an dem kaiserlichen Briefe aus, daß er sich gründe auf „die Fehde und Feindschaft der Eidgenossen gegen Sigismund", wobei zu besorgen sei, daß die zum Zuge gegen die Schweizer aufgeforderten Fürsten, Herren und Städte nichts thun würden, weil es sich um einen Zug handle lediglich zu Gunsten Sigismunds bezw. der österreichischen Hausmacht. Der Brief sollte, nach ihrer Ansicht, gestellt sein auf den fünf= jährigen Frieden,[2]) und weil die Schweizer diesen, als einen Reichsfrieden gebrochen und nicht bloß Sigismunden, sondern auch andere Herren und Städte angegriffen hätten, so hätte der Kaiser von Amts wegen gegen die Friedensbrecher zum Kriege auffordern sollen, wobei er dann auch bei Strafe des Reiches zum Zuzug hätte auffordern können.

Sodann seien die Eidgenossen in dem Schreiben vom Kaiser gemahnt, ohne Verzug ihre Feindschaft einzustellen und die dem Herzog und den Seinen abgenommenen Schlösser und Güter zurückzugeben; zu letzterem aber könnten die Eidgenossen nicht angehalten werden, ohne vorhergehende Klage des Her= zogs beim Reiche. Ferner befehle der Brief den Schweizern fünfzehn Tage nach Empfang des kaiserlichen Schreibens Fehde und Feindschaft einzustellen, wenn nicht, auf den fünf und vierzigsten Tag nach Ausgang der fünfzehn Tage vor dem Kaiser, oder dem von ihm ernannten Stellvertreter, zur Verant= wortung zu erscheinen. Dieser Artikel sei nun ganz zu Gunsten der Eid= genossen gemacht; denn wenn diese auf dem Kriege gegen den Herzog beharren wollten, so könnten sie einfach antworten, sie würden auf die festgesetzte Frist ihren Anwalt zur Verantwortung schicken, unterdessen aber in der Feindschaft gegen Sigismund und seine Lande beharren, ohne daß der Kaiser einschreiten könnte. Auf dem Rechtstage würden sie sodann behaupten, daß des Herzogs Leute gegen Mühlhausen und Schaffhausen den Frieden gebrochen hätten, und erklären, dieses auch zu beweisen, wodurch die

---

[1]) 1468. August 6. Landshut. Abgedruckt bei Lichnowsky 7, CCCCLXXIII. ff.
[2]) Siehe oben p. 14.

Sache in die Länge gezogen würde, und der Herzog bliebe ohne Hilfe des Reichs. — Darum sollte dieser wohl überlegen, ob er den kaiserlichen Brief den Eidgenossen wolle überantworten lassen oder nicht, wovon sie (Hans von Werdenberg und Dr. Maier) übrigens abriethen.

Das Beste wäre, Sigismund würde den Herzog Ludwig von Bayern, den Pfalzgrafen Friedrich, den Markgrafen von Baden, die Grafen von Württemberg und die Ritterschaft im Hegau bitten, mit ihm eine Botschaft an den Kaiser zu thun und diesem zu erkennen zu geben, daß der ausgegebene kaiserliche Brief mehr schade als nütze. Die Eidgenossen hätten vor dem ordentlichen kaiserlichen Gerichte gegen den Herzog und seine Leute klagen sollen,[1]) da sie aber dies nicht gethan, sondern den Frieden gebrochen hätten, so sei eine Ladung vor ein kaiserliches Gericht nicht mehr nothwendig, sondern sie seien einfach in die Strafen, die auf Bruch des fünfjährigen Friedens gesetzt seien, zu erklären und mit Krieg zu überziehen. Sollte Sigismund, so schließen die beiden Referenten, gegen ihren Rath den Brief, den sie ihm anbei zusenden, den Eidgenossen überantworten, so möge er es durch den geschworenen kaiserlichen Boten thun lassen; sie hätten aus treuer Anhänglichkeit ihre wohlmeinende Absicht ihm mitgetheilt.

Zu gleicher Zeit, oder ehe noch der Herzog, der entweder in Radolfzell oder wohl schon in Villingen war,[2]) diesen Brief in Händen hatte, war der Befehl des Kaisers an alle Reichsstände gegangen, sofort dem Herzog Sigismund gegen die Eidgenossen beizustehen.[3]) Eine Mission an den Kaiser wäre demnach zu spät gekommen und hätte die Sache zum Schaden des Herzogs und seiner Lande nur verzögert. Was Sigismund mit dem kaiserlichen Schreiben machte, werden wir später sehen.

Von den Reichsfürsten, auf die, wie gewöhnlich, im Allgemeinen der kaiserliche Mahnbrief wenig Eindruck machte, zogen dem Herzoge nur zu der Herzog Ludwig von Bayern, der Markgraf von Baden und wahrscheinlich die Bischöfe von Constanz und Basel. An den Herzog von Bayern, der schon so manchen Frieden zwischen Sigismund und den Eidgenossen vermittelt, hatten letztere schon unterm 26. Juli[4]) ein Schreiben gerichtet und ihm dargethan, daß Herzog Sigismund selbst Anlaß zum Kriege gegeben habe, indem Bilgeri von Heudorf, dessen Diener, Schaffhausen fort und fort befehde und weder den fünfzig- noch den fünfjährigen Frieden gehalten habe; sie bäten daher den Herzog, sich ihnen willfährig zu zeigen. Dieser ließ den Eidgenossen antworten, daß er auf jede Weise, wie vorhem,

---

[1]) Wo sie übrigens voraussichtlich wenig oder gar kein Recht gefunden hätten.
[2]) Am 11. Aug. war er in Villingen. Schreiber Urkbb. 2, 513.
[3]) 1468. Aug. 9. Graz. Lichnow. 7, CCCLXXXIX.
[4]) o. O. Lichnow. 7, CCCLXXXVIII.

zum Frieden rathen und helfen wolle; für jetzt aber, vertragsmäßig, dem Herzog von Oesterreich bewaffnete Hilfe senden müsse.¹) Und er sendete diesem sechszehnhundert böhmische Söldner, die übrigens wegen ihrer bekannten Eigenschaften mehr schabeten als nützten.²) —

In Waldshut, wo indessen die Beschießung fortgedauert hatte, war bald Noth und Mangel eingetreten an Speise, Munition und namentlich an Faschinen und Reiswerk, um die großen Breschen, die die Schweizer fort und fort schossen, auszufüllen. Da versuchte der Hofmeister Proviant und Mannschaft in die Stadt zu werfen und zwar vom jenseitigen Rheinufer her, wo in der „Jüppen" nur zweihundert Mann Eidgenossen (Solothurner u. A.) zur Beobachtung der Stadt lagen. Die meisten Chronisten berichten nun, es hätte nur einmal ein solcher Versuch stattgefunden, nur Tschudi³) berichtet von zweien und wird sein Bericht durch einen Brief des Kriegshauptmannes Andreas von Bosenstein von Freiburg i. B., der den zweiten Ueberfall der Schweizer jenseits des Rheines mitmachte, bestätigt.⁴) Doch müssen beide rasch auf einander gefolgt sein, da der zweite schon in der Nacht vom 8. auf den 9. August geschah. Der erste mißlang zum Theil, der zweite gänzlich. In einer Nacht stießen nämlich tausend Mann Oesterreichische zu Fuß und elfhundert Reisige, reichlich mit Pulver, Mehl und andern Bedürfnissen versehen, auf die Hut der zweihundert Eidgenossen, die sich sofort mannhaft zusammenthaten und mit dem Feinde scharmützten. Da es finster war, wurden die Feinde über die geringe Anzahl der Schweizer getäuscht, griffen sich selbst an und flohen, noch ehe die am andern Ufer liegenden Berner, durch den Lärm aufmerksam geworden, auf Schiffen hinübergesetzt waren. Doch waren etwa hundert Mann mit Pulver und Speisung über das Wasser in die Stadt gekommen. Des andern Morgens fanden die Schweizer zehn Todte und viele Waffen und Harnische, die von den Feinden bei der Flucht weggeworfen worden

---

¹) Diebold Schilling p. 31.
²) Schilling l. c. Ihre Bekleidung und Bewaffnung war: ein weißer Kittel, eine rothe Kopfbedeckung, ein gutes langes Messer oder Schwert, eine gute Armbrust, eine Büchse oder ein langer Spieß und unter dem Gürtel ein Wurfbeil. Kluckhohn „Ludwig der Reiche", p. 282. K. spricht zwar nur von Rüstungen Ludwigs und nicht von einem wirklichen Auszug, allein sämmtliche Chronisten sprechen von diesen Böhmen im Felde und Diebold Schilling, der wahrscheinlich selbst im Lager der Eidgenossen war, sagt es ausdrücklich.
³) 2, 689.
⁴) Er schreibt an Freiburg unterm 8. August: „Ich füg üch ze wissen, das geschefft ist jetz also, das ben von Walthut fast hart ist vnd gros not liben, mit täglich vnd nacht ze schiessen, vnd haben doch nit kost noch zwig zu der wer. Darum hat mins gnedigen herren hofmeister vor, inen aber (abermals) kost vnd zwig in das schloss ze bringen rc." Schreiber Urkbb. 2, 513.

waren.¹) Einen hatten sie gefangen genommen, einen Kriegsknecht des Bischofs von Basel.²) Die Eidgenossen verstärkten hierauf die Vorposten um zweihundert Mann, wozu die von Zürich hundert Knechte gaben.³)

In der Nacht vom 8. auf den 9. August versuchten die Oesterreichischen nochmals, in die Stadt zu kommen. Es waren diesmal achthundert Mann, meist aus dem Breisgau,⁴) die von Laufenburg aus am jenseitigen Ufer heraufkamen. Eben ging der Mond unter, als sie auf die vierhundert Schweizer trafen, denen die Dunkelheit abermals zu Statten kam; nach kurzer Gegenwehr flohen die Schweizer und die Feinde, letztere mit Hinterlassung von fünf Todten, vielen Armbrusten, Eisenhüten und Harnischen, die sie zur Erleichterung der Flucht abgeworfen hatten. Bei sechzig, meist von ihren eigenen Leuten Verwundete, führte man andern Tags gen Basel in's Spital; nach Waldshut aber war kein Mann gekommen.⁵)

Die große Anzahl, mit der der Feind jeweils angegriffen, hatte den Eidgenossen gezeigt, daß viel feindliches Kriegsvolk um sie herum liegen müsse; dazu war noch die Nachricht in ihr Lager gekommen, daß der Herzog im Lande und mit einem großen Volke im Anzuge sei, um die Schweizer aus dem Lager zu schlagen und Waldshut zu entsetzen. Darum ward in ihrem Kriegsrathe beschlossen, daß jeglicher Ort nach Hause schreibe um Verstärkung.

So schrieben unterm 10. August⁶) die von Schwyz und Glarus an ihren Landammann, Freiherrn Petermann von Raron um Zusendung von zweihundert Reisigen, („und nit minder") wohlgerüstet „mit Hauptgeschirr und Harnisch." Die von Bern schickten einen „andern frischen Haufen" von zweitausend Mann unter Niklaus von Scharnachthal und Niklaus von Dießbach, beide Ritter und wohlversuchte Kriegsleute.⁷) Ihnen hatte sich der neue Zuzug aus Solothurn und Uri angeschlossen mit „einem freudigen einmüthigen Volke".⁸) Von Zürich trafen ebenfalls noch zweitausend Mann ein, so daß die Eidgenossen sechzehntausend Mann stark vor Waldshut standen.

Drinnen in der Stadt aber war große Noth. Die Belagerer hatten durch Abgrabung des Kanales, der die Brunnen in der Stadt speiste, die Einwohner genöthigt, um Wasser zu holen, mit Lebensgefahr an den Rhein herabzusteigen, wo sie dem feindlichen Feuer stets ausgesetzt waren. Mit Mühe grub man einen neuen Brunnen, um dem gefährlichen Wasserholen

---

¹) Tschudi 2, 689.
²) Schilling p. 29.
³) Siehe Bericht Nr. 8.
⁴) Auch 30 von Freiburg unter Andreas v. Bosenstein. Schreiber l. c.
⁵) Tschudi 2, 689. Schilling p. 29.
⁶) Mahnbrief bei Tschudi l. c.
⁷) Schilling p. 27. Stettler p. 193.
⁸) Stettler l. c.

am Rheine zu entgehen. In den Mühlen, die unten am Rheine standen, und die der Feind zusammengeschossen, konnte sich Niemand mehr aufhalten; man war daher genöthigt, drei Mühlen mit Tritträdern, von sechszig Mann getrieben, zu erbauen.[1]) Dazu kam die wachsende Noth von Außen durch das Geschütz der Berner und Züricher. Das untere Thor war bereits ganz niedergeworfen, ebenso die Mauer am Spital hin mit einer Bresche von der Breite breier Häuser; zwischen dem untern Thor und Waldthor waren ebenfalls starke Lücken und die meisten Thürme in der Mauer gefällt. In die obere Kirche hatten die Züricher 25 große Steinkugeln geworfen, so daß das hl. Sakrament und die Kirchengeräthe geflüchtet werden mußten. Unruhig standen die eidgenössischen Kriegsknechte vor den großen Breschen, begierig zu stürmen; verzagt fragten bereits die adeligen Herrren den alten Werner von Schinen, warum denn Gott den Schweizern so viel Kriegsglück gäbe und wann das sich einmal wenden würde, worauf der fromme Ritter ihnen die Antwort gab, es wäre dann eine Aenderung zu hoffen, wenn man einmal des Adels Besserung spüre, und bessen Frömmigkeit dem ehrbaren Leben der Schweizer vorginge![2])

Tapfer übrigens und mannhaft wehrten sich die Ritter in der Stadt, das gestanden ihnen selbst die Schweizer zu.[3]) Nicht nur von den Mauern aus thaten sie ihnen Schaden, sondern sie machten auch Ausfälle auf sie. Eines Tages waren einige Kriegsknechte von Bern, Uri und Unterwalden von Dogern her gegen die Stadt gekommen und mähten unbewaffnet vor einer Schanze das Korn ab. Da fielen die Ritter über sie her und erstachen elf Mann, darunter sechs von Unterwalden;[4]) aber auch einige Reisige wurden verwundet oder getödtet. Ein ander Mal hatten sich Etliche von Bern, aus dem Landgericht Zollikofen, in die Gärten vor der Stadt schlafen und die Waffen neben sich gelegt;[5]) kaum wurden sie in der Stadt bemerkt, als sich einige Kriegsknechte über das Bollwerk herausschlichen, einen Theil der Schläfer mit ihren eigenen Waffen niedermachten und die andern verwundet davon jagten.[6])

So fehlte es nicht an kleinen Scharmützeln, bei denen die Eidgenossen

---

[1]) Der Mahllohn wurde dadurch so erhöht, daß das Viertel Frucht zu mahlen, 2 fl. kostete, nach dermaligem Geldwerth ungeheuer viel. Bericht der Jahreszeitstiftung.
[2]) Stettler p. 193.
[3]) Tschudi 2, 688. Eblibach p. 129.
[4]) Von Unterwalden fielen während der Belagerung im Ganzen neun Mann: Rubin Aargauer, Claus von Mos, Hensli von Bettenebnet, Heiri von Wenigshusen, klein Jäcklin, Wälti Obrist, Peter an dem Bühl, klein Peter und Claus Müller. Tschudi 2, 692.
[5]) „auß unbehutsamer liederlichkeit". Stettler p. 194.
[6]) Schilling p. 28 sagt: „das han ich darumb darin gezogen, das jederman in semlichen Kriegs-Sachen und Lagern Sorg haben und nieman sin fiend verschmachen, noch verachten soll."

manchen Mann einbüßten. Sonst aber ging's im Lager der Schweizer „hoch her"; während die Oesterreichischen in der Stadt und außerhalb[1]) Hunger und Mangel litten, lebten die Eidgenossen in ihrem Lager in Hülle und Fülle. Sie tranken Schaffhauser Wein, die Maas zu vier und Klingnauer, die Maas zu zwei Angster[2]) und für zwei Pfennige Brod reichte hin, um zwei Mann vollständig zu sättigen.[3]) —

Am 11. August war Sigismund in Villingen, wo viele der Ritter des Hegaues und Schwabens um ihn waren, und wohin er Abgeordnete der Städte berief, um über die Kriegsnoth sich zu berathen. Schon damals ging der Herzog damit um, mit den Schweizern zu unterhandeln. Er schrieb[4]) an Freiburg, daß er um Zusendung zweier Rathsfreunde bittet, daß, „weil er von den Feinden etwas genau ersucht werde, es ihn bedünke, sich dagegen zu schicken, um nicht so hart beschädiget und genöthiget zu werden." Sein Hofmeister hatte ihn wohl durch die Mittheilung über die Unzuverlässigkeit der Waldleute und Waldstädte etwas bedenklich gemacht. Doch als am Mittwoch den 17. August die Abgeordneten der Städte[5]) vor dem Herzog erschienen waren, sprach er ihnen davon „mit Leib und Leben den Schweizern Widerstand zu thun." Diese schnelle Sinnesänderung, zu einer Zeit, wo, wie wir sehen werden, die Unterhandlungen mit den Eidgenossen im Lager vor Waldshut schon aufgenommen waren, ist dem Markgrafen Karl von Baden und den Rittern zuzuschreiben. Ersterer war ausdrücklich dagegen, daß die Räthe des Herzogs von Villingen aus auf den 20. August zur Berathung mit den Abgeordneten Ludwigs und dem Bischofe von Constanz und Basel nach Schaffhausen ritten, und vertröstete Sigismunden immer auf die große Hilfe, die ihm von Fürsten und Herren zugesagt wäre.[6])

Doch schon die in Schwaben mächtigsten Herren, die Grafen Ulrich

---

[1]) Auffallend ist, daß selbst die auf dem Wald und zwischen Laufenburg und Albbruck liegenden Oesterreicher Mangel hatten an Lebensmitteln. Dies wird in den Berichten (bei Schreiber Urkdb. 2, 509 ff.) vielfach erwähnt. So schreibt Bosenstein von Laufenburg aus an Freiburg: „Ouch lieben herren, so hat vns der hoffmeister hüt (8. Aug.) geliefert, vnd doch nit das die knecht halb ze essen haben noch ze trinken, denn fast gon vnd übel essen hört nit zemen. Nun han ich nit gelt, vnd wil doch die knecht nit fasten laßen ꝛc." Schreiber I. c. p. 513.

[2]) Ein Angster gleich zwei Pfennige.

[3]) Tschudi 2, 692.

[4]) d. d. 11. Aug. Schreiber, Urkdb. 2, 513.

[5]) Von Freiburg aus waren es Andreas v. Bosenstein und ein gewißer Suter. Sie hatten, wie es scheint, noch einen andern geheimen Auftrag in Sachen der Stadt beim Herzog zu verrichten; sie konnten aber kein Gehör finden. Bosenstein schreibt deßhalb: „hetten wir gulbin so fünden wir wol gehör, darum vnd finden gantz nüt." Schreiben vom 18. Aug. Schreiber 2, 515.

[6]) Bosenstein schreibt unterm 19. Aug. nach Freiburg: „ich han wol an mim herren Markgroffen verstanden, der hat mit mir geret, baz im solich tagen nit gefall, nochdem mim herren gros hilff zugeseit sig von fürsten und herren." Schreiber I. c. p. 515.

und Eberhard von Württemberg ließen den Herzog im Stich, worüber sie in Villingen heftig getadelt wurden, als übten sie Verrath an Sigismunden und am ganzen Adel.¹) Die politisch klugen Württemberger wollten eben nicht zu Gunsten der österreichischen Hausmacht mit den Schweizern anbinden, und sich selbst konnten sie leicht gegen letztere schützen durch ein Bündniß, das sie denn auch im folgenden Jahre mit der Eidgenossenschaft auf zehn Jahre abschlossen.²)

Die übrigen größeren Fürsten und Reichsstände am Oberrhein riethen, mit Ausnahme des Markgrafen von Baden, zum Frieden, und stunden einzelne durch ihre Räthe mit den Eidgenossen vor Waldshut in Unterhandlung. Den Gang der Unterhandlungen und die Zwischenvorkommnisse bis zum Friedensabschluß entnehmen wir im Detail den officiellen Berichten der Züricher'schen Hauptleute und Räthe,³) die vor Waldshut zu Felde lagen, an ihren Bürgermeister und Rath in Zürich. Sie beginnen mit dem 15. und schließen mit dem 26. August ab.⁴) Ihnen folgen wir:

Als die Hauptleute und Räthe der Eidgenossen zu einer Berathung in Klingnau am 13. August beisammen waren, erschienen des Bischofs, der Stadt und des Stiftes Boten, der Dompropst Wunibald Heidelbeck, der Schreiber Iselh u. A. in Leuggern⁵) und baten um Unterredung, zu der sie des andern Tages in Klingnau zugelassen wurden. Sie berichteten, daß sie vom Lager des Feindes kämen und ihnen dort gleichfalls gegönnt worden sei, in der Sache vermittelnd zu reden und schlugen einen breitägigen Waffenstillstand zu ruhiger Berathung vor. Dies schlugen die Eidgenossen ab⁶) und wollten, daß „in offener Feindschaft" die Sache beredet werde. Als Ort des Tagens schlugen die Schweizer Leuggern vor und sollten zwischen 30 und 40 Personen unter sicherem Geleit dorthin geschickt werden; sollte das dem Wibertheile zu weit sein, so könnten die Eidgenossen bis Dogern und jene bis Hauenstein kommen. Mit diesem Vorschlag ritten die Basler Vermittler ab und wurden unterhalb Dogern durch die Letze in das feindliche Lager gelassen.

Indeß hatte der „reiche" Herzog von Bayern den Eidgenossen in's Feld geschrieben, und für seine Räthe, Hans Trummen, Ritter, und Heinrich von Hertenberg, Hofmeister, um Geleit gebeten, was bewilligt und eine Zusammenkunft mit ihnen auf den 18. zu Schaffhausen festgesetzt wurde.

---

¹) Bosenstein in eben citirtem Schreiben.
²) 1469. Nov. 8. Zürich, Tschudi 2, 708.
³) Den I. Bericht unterzeichneten: Heinrich Schwend, Ritter, Hauptmann der Züricher; Heinrich Röist, des Rathes, und Cunrad Cham, Stadtschreiber.
⁴) Sie sind (9 an der Zahl) unten als Beilagen abgedruckt.
⁵) Leuggern und Klingnau, beide 1 Stunde südöstlich von Waldshut im Aarthale; ersteres auf dem linken, letzteres auf dem rechten Flußufer.
⁶) Nur die Züricher hatten dafür gestimmt.

Gleichwohl brangen schon zur Zeit des ersten Berichtes vom 15. Aug. die von Bern und Luzern bei den übrigen Eidgenossen fort und **brauf Waldshut zu stürmen**; was die Züricher immer hinterhielten, weil sie noch zu großen Verlust an Leuten befürchteten.[1]) Die Berner aber sahen **ganz richtig** ein, daß sie, im Besitze der Stadt, leicht den Frieden würden dictiren können.

Am 16. August kam Hans Irmin, Bürger von Basel, im Namen der übrigen Vermittler zu den Eidgenossen in's Feld und berichtete, daß gestern ein Bote des Bischofs und der Stadt Basel zu ihnen mit einem Briefe nach Leuggern gekommen sei, worin jene ihnen mittheilten, daß laut Bericht der Räthe des Herzogs Ludwig an sie, dieser selbst herauskommen wolle, einstweilen aber, und für den Fall, daß er nicht käme, sollten die Basler Boten und seine Räthe sich zusammen über die Sache berathen. Demnach hätten sie Befehl, zu den bayerischen Räthen nach Schaffhausen zu reiten, wären aber gestern noch nach Laufenburg zu Sigismunds Räthen geritten und denen zuerst berichtet über den Vorschlag, in Dogern[2]) oder Leuggern zu tagen. Diese hätten eine Zusammenkunft in Dogern angenommen und sollten deßhalb die Eidgenossen ihre Gewaltboten auf heute Mittag dorthin schicken. Den Räthen Herzog Ludwigs aber wollten sie, die Basler, schreiben, der Kürze halber nach Klingnau zu kommen, und die österreichischen Räthe in Schaffhausen mitzubringen, und bäten sie für dieselben und ihren Boten an sie um sicheres Geleit.

Irmins Vorschlag fand nur zum Theil Gehör. Die Eidgenossen schickten zwar sofort ihre Boten ab nach Dogern, die Züricher den Rathsherrn Heinrich Röist und den Stadtschreiber, Cunrad von Cham, Bern den Dießbach und den Ringoltingen, und Luzern den Schultheißen von Hunwyl; die bayerischen und österreichischen Räthe aber wollten sie noch nicht bis Klingnau lassen und sicherten ihnen blos Geleit bis in das Städtchen Kaiserstuhl.[3]) Am heutigen Tagen verlangten die Berner, die jetzt auch noch die von Solothurn gewonnen hatten, eine namentliche Abstimmung aller Orte, ob sie stürmen wollten, damit dann die nöthigen Vorkehrungen sofort könnten getroffen werden. Man kam jedoch überein, die Stadt noch einer genauen Untersuchung und Besichtigung zu unterwerfen und dann das zu thun, wozu sich die meisten Orte entschlössen.

Jetzt war auch das kaiserliche Schreiben, das Hans von Werdenberg

---

[1]) „So liggent unser Eidgnossen von Bern oud etlich von Lutzern vast daruff ze stürment, ba wir nit verstan könnent, das sölichs noch ze tuonde sin, denn in Sorgen vil frommer lüten zu verlieren; darumb wir noch nit baran sied ze stürment. Bericht I.
[2]) ½ Stunde westlich von Waldshut am rechten Rheinufer.
[3]) Im Aargau, 4 Stunden östlich von Waldshut, am linken Rheinufer.

und Dr. Maier dem Herzog Sigismund zugeschickt hatten,¹) in die Hände der Eidgenossen gekommen, die ihm Boten auf den 18. nach Zürich sandten, um mit dem dortigen Rath eine Antwort auszufertigen. Auch von St. Gallen war am 16. ein Brief in's Feld gekommen mit der Nachricht, daß der Herzog mit einem großen Zuge nahe, um die Stadt zu entsetzen.²)

Zu Dogern ward am Nachmittag des 16. von den Boten der Eidgenossen vor Allem die Forderung gestellt, daß, wenn sie Frieden geben und vom Sturm abstehen sollten, die von Schaffhausen aus der Acht³) gelassen, ihnen der Heudorfer abgenommen, dem Hans von Stab das Schatzgeld und ihnen selbst die Kriegskosten ersetzt würden. Darauf gingen die Vermittlungsherren gern ein; als aber die Berner erklärten, damit würden ihre Herren nicht zufrieden sein, es sei denn, sie hätten noch dazu Waldshut und wären da ihrem Vorhaben nachgegangen — meinten jene hierauf nicht eingehen zu können, und nannte der Bote des Markgrafen von Rötteln, Hans von Flachsland, dieses eine unziemliche Forderung, auf die hin sie in der Sache nicht arbeiten könnten. Da überstimmten die andern Gewaltboten die Berner und gaben sich zufrieden, wenn, vorbehaltlich der Genehmigung ihrer betreffenden Stadtherren, die übrigen Bedingungen vom Herzog eingegangen würden; worauf die Vermittler auf den andern Tag (17. Aug.) nach Niederdogern⁴) Antwort zu bringen versprachen.

Die Bitte derselben, die österreichischen und bayerischen Räthe zu Klingnau zu ihnen durchzulassen, ward ihnen abermals abgeschlagen und nur erlaubt, sie zu Laufenburg zu ihnen kommen zu lassen, was angenommen wurde.

Am 18. hatten die ungestümen Berner endlich durchgesetzt, daß der Sturm beschlossen wurde auf den Morgen des 19. August. Der „gemeine Mann" bestund schon lange fest darauf, und wurde anfangs unruhig ob des langen Zögerns;⁵) dies mochte durchgeschlagen haben. Die Ordre, wie gestürmt werden sollte, ward sofort von den Hauptleuten berathen⁶) und ausgegeben. Sie lautete:⁷) Vor allem sollte das Feld in möglichster Ausdehnung mit Reisigen besetzt und jeder Wachtposten auf 20 Mann verstärkt

---

¹) Siehe oben p. 33.
²) Was an dieser Nachricht Wahres war, ist oben, wo vom Aufenthalt Sigismunds in Villingen geredet ist, zu ersehen.
³) Siehe oben p. 7.
⁴) Jetzt verschwundener Ort zwischen Dogern und Hauenstein.
⁵) „Es warend aber vil Eidgnossen knecht gantz unlydig, und treffentlich übel zu frieden, daß der Sturm nit fürwert gieng". Tschudi 2, 689.
⁶) Die Berathungen geschahen jeweils im Zelte des Hauptmanns von Zürich, der oberster Hauptmann aller Hauptleute war. (Öhlibach) p. 128.
⁷) Nach einer Beilage zum 4. Berichte der Zürcher Hauptleute vom 18. August. Wir folgen, wo nicht anders citirt ist, streng diesen Berichten.

werden. Sodann sollten die „Höchinen",[1]) die gegen das Bollwerk am obern Thore getrieben werden sollten, mit 400 Knechten, halb mit kurzer und halb mit langer Wehr bewaffnet, versehen werden.

Von diesen vierhundert Knechten waren zwei und dreißig beordert, über das Bollwerk hineinzukommen und das Thor abzulaufen zu suchen. Hinter den hölzernen Thürmen („Höchinen") sollten die Büchsenschützen und auf diese die Armbrustschützen heranrücken, mit der Aufgabe, die Wehren auf der Mauer zu blenden.

Zum Stürmen sollte jeder Ort je den dritten Mann hergeben, mit den andern zwei Theilen die Wachen und das Feld besetzen und zwar so, daß Luzern, Schwyz und Glarus gegen das obere, Bern, Uri und Unterwalden gegen das untere Thor, und Zürich, Zug, Schaffhausen, St. Gallen und Appenzell zwischen dem Bollwerk und dem Waldthor hin mit ihren Bannern stehen und abwarten sollten, um für den Nothfall, auf gegebenes Zeichen, den Stürmenden nachrücken zu können.

Wenn Gott das Glück gäbe, daß die Stadt erobert würde, sollte keiner plündern, rauben, oder ein Haus anzünden ohne Wissen und Willen der Hauptleute; das hl. Sakrament, Priester, Frauen und Kinder aber von denen von Bern Abends zuvor aus der Stadt gefordert werden, damit sie beim Sturm keinen Schaden nähmen. Endlich sollten die Berner mit ihren zwei „verdeckten", und die von Luzern mit ihrem „gerüsteten" Schiffe auf dem Rheine halten, um von dieser Seite her den Stürmenden zur Hülfe bereit zu sein.

Dies das Programm zum Sturme, das jedoch nicht in Ausführung kam, wiewohl es erst am 18. entworfen und sofort am andern Morgen des 19. hätte ausgeführt werden sollen. Und warum wohl nicht?!

Der Luzerner Etterlin, der den Ereignissen der Zeit nach ganz nahe stand und wohl manchen gekannt und gesprochen hat, der vor Waldshut lag, behauptet,[2]) daß nichts aus dem Sturme geworden sei, dürfe Niemanden Wunder nehmen, denn es seien der Gewaltigen so viel vor der Stadt gelegen, die da Schwäger und Vettern in der Stadt hatten, und die deßhalb gegen den Sturm gewesen wären. Tschudi[3]) fügt noch bei, es seien auch etliche namhafte „Ehrenleute" in der Stadt gewesen, denen die Eidgenossen nicht ungünstig gewesen wären.

Uns scheinen unter diesen „Ehrenleuten" jene Bürger und Rathsver-

---

[1]) Höchinen oder besser Ebenhöchinen waren eine Art hölzerner Thürme auf Rollen oder Rädern, oben mit einer Fallbrücke versehen, vermittelst deren Herablassung die im Thurme befindliche Mannschaft auf die Mauer oder das Bollwerk gelangen konnte. v. Rodt 1, 78.
[2]) p. 188. Tschudi 2, 689 sagt ganz Aehnliches.
[3]) l. c.

wandten Walbshuts gewesen zu sein, die gern eibgenössisch geworden wären, und die später, wie wir unten sehen werden, so bereitwillig beim Friedens= schluß schworen, den Eibgenossen gehorchen zu wollen, falls der Herzog die Kriegskosten jenen nicht innerhalb der festgesetzten Frist zahlen sollte. Auf der andern Seite mochte wohl auch dieser oder jener Schweizer Junker einen Schwager oder sonst guten Freund unter den hegau'schen und klettgau'schen Edelleuten in der Stadt gehabt haben, für dessen Leben er beim Sturme besorgt war.

Etterlin fährt fort, daß die Stadt dermaßen zerschossen, die Mauer so zerstört und die Noth drinnen so groß[1]) gewesen wäre, daß man sie ohne Sturm innerhalb weniger Tage durch Selbstübergabe gewonnen hätte. Das hätten auch einige von denen, so vor der Stadt gelegen seien, gewußt und dann Frieden gemacht und die Eibgenossen durch Geld aus dem Felde ge= kauft. Hätte aber, meint der Chronist, der gemeine Mann gewußt, wie es stünde, so wäre man nicht so von dannen gezogen.[2])

Uns scheinen diese Vorwürfe namentlich von den Bernern und Lu= zernern, die stets zum Sturm drängten, ausgegangen zu sein und denen von Zürich, die immer davon abriethen, gegolten zu haben. Diese geben zwar in ihren offiziellen Berichten den Grund ihrer Weigerung stets dahin an, daß sie zu viele Leute zu verlieren fürchteten; aber auffallend ist, daß sie in ihrem Schreiben vom 18. Aug., wo sie ihren Stadtherren mittheilen, der Sturm sei auf den andern Tag beschlossen und die Ordre dazu aus= gegeben, gleich nebenan schreiben, sie wüßten nicht, ob es zum Stürmen käme. —

Kehren wir zu den Verhandlungen zurück.

Am 17. Morgens 9 Uhr waren die Boten der Eibgenossen, wie ver= abredet, in Niederhofen mit den Vermittlungsherren zusammengetroffen, um die Antwort der Herrschaft auf ihre Forderung, Mühlhausens, Schaff= hausens und der Kriegskosten wegen, zu vernehmen. Die herzoglichen Räthe in Laufenburg hatten hierauf erklärt: Was die von Schaffhausen betreffe, so nehme der Herzog solche Forderung für unbillig, weil Bilgeri von Heudorf, als der fünfzehnjährige Friede zu Constanz gemacht wurde, jeglichen Dienst dem Fürsten abgekündet und abgesagt habe, damit er nicht als herzoglicher Rath und Diener an den Frieden mit den Eibgenossen gebunden wäre. Deßhalb glaube Sigismund des Heudorfers wegen auch nichts schuldig zu

---

[1]) Am gleichen Tage, an dem der Sturm beschlossen ward, (18. Aug.) schrieb Andreas von Bosenstein von Villingen aus an Freiburg: „aber umb die von Walzhut stat es hart, denn sü sind mit ze spisen denn mit großer Macht, und liden groß not." Schreiber Urkdb. 2, 515.

[2]) „Hett aber der gemein man gewüst das ettlich wüstent, wie es umb Walzhut stuond, man were nit also bannen zogen." l. c.

sein. Die von Mühlhausen aber hätten während des Friedens gegen ihn und die Seinigen mit Raub, Mord und Brand gefrevelt, wogegen ihnen mit Recht mit Gleichem wäre vergolten worden; also der Herzog auch gegen sie keine Verbindlichkeiten zu haben glaube. Er habe sich jedoch ihnen auf einen Tag zu Recht erboten. Weil nun der Fürst gegen Mühlhausen und Schaffhausen nicht im Unrecht sei, und die Eidgenossen sich um jene beiden, die an ihn keine Ansprüche hätten, bekümmert hätten, sei er auch ihnen nicht zum Ersatz der Kriegskosten verpflichtet.

Die Antwort der eidgenössischen Boten auf diese kurze Abfertigung lautete sofort: Die Zurückweisung der Schaffhauser Sache, Bilgeri's halber, sei ihnen sehr fremd und unbillig anzusehen; denn in der Zeit, als der fünfjährige Friede sei gemacht worden, wäre der Heudorfer, als des Fürsten Rath, Vogt und Hintersasse zu Laufenburg gewesen und in dieser Stellung noch bei Jahr und Tag geblieben.

So habe er auch seine Bedrückungen gegen Schaffhausen von des Fürsten Stadt aus und durch dessen Schlösser vom Lande vollbracht, weßhalb der Herzog ihn auf die geschehenen Klagen hin hätte zum Frieden anhalten sollen, da er es nicht gethan, so sei er auch schuldig, denen von Schaffhausen und ihrem Bürgermeister Abtrag des Schadens zu thun. Ebenso wären die von Mühlhausen muthwillig gereizt und geschädiget worden von des Herzogs Vasallen und seien sie, wie die Eidgenossen, die sich beider mit Unrecht bedrängter Städte angenommen, schadlos zu halten.

So sprachen der Eidgenossen Boten und dankten den Vermittlungsherren für ihre Mühe und Arbeit und baten sie, ihren Herren ebenfalls für gehabten Kosten ihren Dank zu hinterbringen.

Jetzt verlangten jene eine nochmalige sofortige Unterredung mit Dreien von den eidgenössischen Gewaltboten; Heinrich Röist (Zürich), Thüring von Ringoltingen (Bern) und Heinrich von Hunwyl (Luzern) wurden dazu auserlesen. Die Commissäre vermeinten nun, für Mühlhausen und Schaffhausen Recht finden zu können bei dem Fürsten, aber um die Kriegskosten, die so groß wären, daß zwei Fürsten sie nicht bezahlen könnten, möchten die Eidgenossen bis auf eine bescheidene Summe herabgehen. Die drei Gewaltboten erklärten sich hierauf Schaffhausens und Mühlhausens wegen einverstanden; aber für ihre Entschädigung verlangten sie Walbshut, das bereits so von ihnen genöthiget, daß es so gut wie gewonnen sei — und dazu noch eine Summe Geldes; worauf jene die Uebergabe der Stadt Walbshut nicht, wohl aber dafür eine Geldentschädigung erwirken zu können erklärten.

Nach kurzer Berathung mit den andern Boten der Eidgenossen erklärte Heinrich Röist im Namen der Uebrigen, sie wollten den Vermittlungsherren überlassen, über obige Punkte bei dem Herzog bezw. seinen Räthen passende

Anträge zu stellen und ihnen auf den andern Tag wieder Antwort zu bringen. Hunwyl zog dann noch Rapperswil und einzelne andere Ansprachen an den Fürsten an, für welche die Commissäre, wann einmal die Hauptsache geschlichtet wäre, ebenfalls zu wirken versprachen.

Dies war am 17. zu Niederbogern verhandelt worden. Auf den 18. waren die Vermittlungsherren wieder bei den Eidgenossen, wie es scheint, des Sturmes halber, da erst am 19. über die übrigen Punkte weiter verhandelt wurde; wenigstens sagen die Züricher in ihrem fünften Bericht vom 20. nichts davon, warum nicht gestürmt worden sei und berufen sich einfach darauf, daß, was am 18. ausgemacht worden, ihre Stadtherren wüßten durch den mündlichen Bericht ihrer Rathsfreunde Hagenauer und Kamblin, die scheint's das Lager besucht hatten.

In das Lager der Berner brachten am 19. die Commissäre die Antwort auf die Berathung vom 17. Die herzoglichen Räthe verstanden sich demgemäß, Schaffhausen und Mühlhausen, wie verlangt, Recht zu verschaffen, allein, da es den Herzog zwanzig tausend Gulden kosten würde, den Heuborfer und seinen Anhang abzutragen und vom kaiserlichen Hofe die Absolvirung von der Acht für Schaffhausen zu erlangen, so möchten die Eidgenossen ihre Kostensumme bescheiden anschlagen. Als die Boten sich nun über eine Summe berathen wollten, erklärten die von Bern, sie forderten absolut Waldshut, sei es für den Kosten oder als Pfand bis zur Zahlung einer Entschädigung — und trennten sich von den andern. Diese stellten nun dieselbe Forderung an die Vermittlungsherren, welche versicherten, daß ihnen dies von Sigismunds Räthen durchweg bereits abgeschlagen sei; wollten die Eidgenossen aber eine Summe Geldes annehmen, so sollten die von Waldshut und dem Schwarzwalde ihnen schwören, auf einen bestimmten Tag das Geld erlegen, wenn nicht, für ewige Zeit der Schweizer Eigengut sein zu wollen. Hierauf schlugen die Commissäre eine Entschädigung von sechstausend Gulden vor, die Boten aber verlangten mehr und variirten in ihrer Forderung von zehntausend bis hunderttausend Gulden; nur die Berner wollten von keinem Geld wissen, und bestanden unablässig auf Waldshut. Da sie sich nicht weiter herbeiließen, so wurden die Vermittlungsherren entlassen mit dem Auftrag zu werben, ob Waldshut nicht pfandweise, oder welche Summe statt dessen den Schweizern übergeben werden wolle — und auf den andern Tag (20.) um elf Uhr Morgens Antwort in's Lager der Berner zu bringen.

Am Morgen des 20. August versammelten die Züricher die übrigen Boten, Bern ausgenommen, um sich und beriethen, wie man die Berner zum Frieden stimmen könnte; zwei hierauf an diese Abgesandte aber, Oerin und Sachs, konnten jene nicht von ihrem Vorhaben abbringen, worauf die

Züricher den Derin nach der Stadt Bern abschickten mit der Bitte, die dortigen Stadtherren möchten den Ihrigen im Felde befehlen, sich einem ehrlichen Frieden nicht so zu widersetzen. Ihre eigenen Stadtherren aber ersuchten die Züricher ein Gleiches nach Bern zu thun, oder Jemanden in's Feld zu schicken, von dem sie verhofften, er könne die von Bern umstimmen. Was den Sturm betreffe, so hätten, die Berner ausgenommen, manche Orte wenig Lust mehr zu stürmen und dächten eher an den Heimzug; gleichwohl könnten sie (die Züricher), ihre älteren Kriegsknechte, wie ihre Stadtherren verlangten, nicht heimschicken, weil sie noch nicht wüßten, was Sturmes halber noch geschehen könne.

Zur festgesetzten Morgenstunde trafen die Gewaltboten wieder mit den Vermittlungsherren im Lager der Berner zusammen. Diese gingen jedoch nicht bei und wollten zuerst ihren nach Haus geschickten Boten abwarten und meinten „sie wären ausgezogen, Schlösser und Städte zu gewinnen, und nicht um Geld zu nehmen" und sollten die Eidgenossen dies thun „so wäre das nicht ehrlich und würde sie krank und unfurchtsam machen".

Gleichwohl redeten die andern Boten mit den Commissären und forderten zehntausend Gulden und daß Waldshut den Bischöfen von Constanz und Basel innegegeben, und für den Fall des Nichtzahlens der genannten Summe ihnen ausgeliefert werden würde; worauf jene mahnten, die Eidgenossen möchten sich mit zehntausend Gulden und dem Schwur Waldshuts und des Waldes begnügen, da sie weiter nichts von des Herzogs Räthen herausbringen könnten. Sollten die Schweizer hierauf nicht eingehen, so würden sie sich heimfügen. Endlich einigte man sich dahin, daß die Commissäre sich zu den bayerischen Räthen und dem Bischof von Constanz, die soeben in Klingnau eingetroffen waren, begeben und mit diesen berathen sollten, was zum Frieden am dienlichsten wäre. Deß seien sie nun (die Züricher) gewärtig und verhofften, wenn sie von den Bernern nicht daran geirrt würden, es käme zum Frieden.

So der Bericht vom 22., in welchem die Referenten ihre Stadtherren noch um Zusendung von Steinen und Pulver für die große Büchse, mit der sie den Kirchthurm zu beschießen,[1] und bleierner Klötze für die „Schirmbrecherin", womit sie gegen ein Thor (Waldthor) anzurennen hätten, bitten,

---

[1] Der Verbrauch an Pulver, Steinen, Blei ꝛc der Züricher war laut eingereichter Rechnung (bei Tschudi 2, 695) folgender:
Item verschossen ein und zwanzig Centner Pulver, kost ein Centner 16 Gulden, tuond dryhundert sechs und dryssig Gulden.
Item mit der grossen Büchsen verschossen 83 Stein kost ein Stein ein Gulden tuond 83 Gulden.
Item 52 pf. umb zwey Schiff und von den Büchsen gen Waltzhut zu füren.
Item 36 pf. von 5 schiffen, Stein, Bulver und Holtz gen Waltzhut zu füren.
Item 31 Gulden Büchsenmeistern und Iren Knechten Sold und Dienst.

damit sie nicht balägen und Unehre gewännen, während die von Bern ihres trefflichen Schießens halber alles Lob hätten. Dem gleichen Bericht vom 22. entnehmen wir noch, daß in der Nacht vom 21. eine Anzahl Kriegsknechte von Luzern, Schwyz, Glarus und Appenzell gegen Bonndorf gezogen waren und daselbst 14 Mann erstochen, 26 gefangen, das Dorf verbrannt, über 400 Stück Vieh genommen und 20 Wagen mit Hausrath geraubt hatten. Der Feind rückte ihnen nach, und kamen sie nur mit Hilfe eines Zuzugs Züricher und Zuger, die ihnen entgegenkamen, glücklich mit ihrem Raub in's Lager.

Am 23., als die Boten der Züricher und anderer Eidgenossen gerade im Lager der Berner waren, um diese zu bitten, mit ihnen zu den Vermittlungsherren zu reiten, kam eben der Bote von Bern und ein Schreiben des dorthin abgesandten Oerin, wornach die bortigen Stadtherren erklärten, sie überließen vollständig ihren Hauptleuten und Räthen im Felde, als den weisesten und tüchtigsten von ihnen, zu thun, was ihnen gut dünkte und gäben ihnen dazu volle Gewalt. Hierauf suchten die Berner, Solothurner, und Freiburger Räthe und Hauptleute die Züricher zu überzeugen, wie ehrlich es wäre, Waldshut zu gewinnen, und sie zu bestimmen, mit ihnen das Bollwerk zu erstürmen, damit die in der Stadt nicht sagen könnten, sie hätten den Schweizern einen Zaun vorgehalten — oder einen Zug an die Letze der Feinde zu thun und sie da zu erstechen, damit die Eidgenossen nicht so ganz ungeschafft abzögen. Beides schlugen die Züricher ab und gewannen nach vielem Zureden die Berner und andere, daß sie mit ihnen zu den Vermittlungsherren zogen, welche verlangten, man möge sie einen Waffenstillstand zwischen den Eidgenossen und denen in der Stadt machen lassen.

Ein Parlamentär ward gegen die Stadt geschickt, der um eine Unterredung für die Vermittlungsherren nachsuchte, denen gestattet wurde, bis vor das untere Thor zu reiten und dort zu reden. Doch fanden die Herren wenig Glauben bei denen in der Stadt, welche verlangten, entweder einen Boten zu den österreichischen Räthen schicken zu dürfen, oder daß von dort

---

Item 25 Gulden kosten unser Büchsen und das Gschirr wieder har heim ze füren, und das so Büchsenmeister verzehrt hand.
Item 3 Center Klötz und ze giessen zu der Schirmbrecherin, kost 1 Centner ¼ Guldin.
Item 15 Gulden umb 15 Büchfenstein und umb ein Schiff und das alles gen Walzhut ze fertigen, lichend wir unsern Eidgnossen von Bern.
Item was sunst mit andern Büchsen geschossen ist, nehmend wir nützit umb.
Item umb Seil, Ruder und Gschirr in die Schiff was darumb ußgeben ist, rechnend wir nützit umb.
Item was uns die Schirm und alles ander Holz kostet, ist ouch nützit fürgerechnet.
Sum 546 Guldin.
Die von Bern hatten dagegen 1170 fl. Auslagen. (Tschudi l. c.) Beide erhielten diese Kosten von der Friedenssumme vorweg ausbezahlt.

ihnen ein solcher zukäme, bevor sie auf weiteren Frieden sich einließen. Nur von Sonnenuntergang am 23. bis ebendahin am 24. ließen sie sich auf Waffenruhe ein, und während die Commissäre gegen die Stadt ritten, wurde stark herausgefeuert in das Lager und ebenso hinein in die Stadt bis zum Abend.

Den Berner Hauptleuten kam, während die andern Boten noch bei ihnen waren, die Nachricht, daß die Feinde in ihren Tarris[1]) eingefallen seien und mehrere Mann erstochen oder übel verwundet hätten;[2]) worüber jene so unwillig wurden, daß die Züricher befürchteten, sie würden von ihrer jetzt friedlichen Stimmung wieder abkommen.

Dies alles war am 23. geschehen; während nun am andern Tage die Boten wieder im Lager der Berner mit den Commissären tagten, entstand eine gewaltige Unruhe. Kriegsknechte deren von Bern, Uri und Unterwalden waren zu Roß und zu Fuß auf die Fütterung gezogen gen Albbruck hin, wo die große Schanze der Feinde sich hinzog. Diese überfielen die Schweizer von der Letze aus; der Lärm kam herauf bis in's Lager bei Dogern, worauf Bern und die genannten Orte den Ihrigen mit Macht zu Hilfe zogen.

Den Bernern ward ein Mann verwundet und einer gefangen, den Feinden vier erstochen und ebenfalls einer gefangen, der aussagte, daß bei tausend Fußknechten[3]) und dreihundert Reisigen, welch letztere Nachts nach Laufenburg ritten, an der Schanze stünden. Die Eidgenossen beschlossen darauf hin, wenn die Richtung sich nicht fortwärts zöge, einen Zug mit breitausend Mann auf den Wald zu thun, um den Feind etwas furchtsamer zu machen.[4])

Durch den Ueberfall der Fouragirenden waren die Unterhandlungen etwas gestört worden, wurden aber am 25., wo alle Boten mit sämmtlichen Vermittlungsherren und mit Jakob Trapp und einigen andern Räthen Sigismunds in der Kirche zu Dogern zusammenkamen, um so nachdrücklicher geführt. Die Eidgenossen stellten hier sofort sämmtliche Forderungen, wie sie im Friedensschluß gleich folgen. Trapp glaubte jedoch dies nicht sogleich, wie es die Boten verlangten, zusagen zu können und wollte es erst an den

---

[1]) Tarris oder Tarras war eine Verschanzung mit Brustwehr, hinter welcher das Geschütz aufgepflanzt wurde. v. Rodt 1, 87.
[2]) Am Montag zuvor (22.) waren den Zürichern durch einen Schuß zwei Mann, Hans Weiß und Ebly, in ihren Tarris so verwundet worden, daß sie an ihrem Aufkommen zweifelten. Bericht 7.
[3]) Nach Eblibach (p. 128) der diesen Vorfall ebenfalls erzählt, standen hier namentlich die Böhmen.
[4]) Tschudi 2, 689 meint, daß auf diese Nachricht hin, der österreichische Haufe, der dreizehntausend Mann stark war, sich verlaufen habe bis auf die Böhmen, die dann zweihundert eidgenössischen Knechten gewichen wären.

Fürsten, der in der Nähe¹) wäre, und dessen andere Räthe bringen und auf den andern Morgen (26.) früh 8 Uhr zur Kirche in Dogern Antwort zu bringen. Dies schlugen die Eidgenossen beharrlich ab und verlangten sofortige Zusage der gestellten Forderungen. Als aber Trapp alles Ernstes erklärte, es sei ihm dies unmöglich, und die Vermittlungsherren die Gewaltboten inständig baten, wurde zugegeben, die Antwort auf den folgenden Morgen zu verschieben.

Der Morgen kam und die österreichischen Räthe waren, nach reiflicher Berathung zu Laufenburg, auf sämmtliche Punkte eingegangen. Der Friede war da.

Am Samstag nach St. Bartholomäustag, den 27. August ward der Waldshuter Friede oder die sog. „Waldshuter Richtung" abgeschlossen,²) wie folgt:

Nachdem sich zwischen Sigismund von Gottes Gnaden, Herzog zu Oesterreich, zu Steier, Kärnthen ꝛc. einerseits, und den Bürgermeistern, Schultheißen, Landammanen, Bürgern und Landleuten von Zürich, Bern, Luzern, Uri, Unterwalden ob und nid dem Kernwald, Zug und dem äußern Amt Zug, Glarus, Solothurn, Freiburg i. U., St. Gallen und Appenzell anderseits, aus genannten Ursachen Krieg erhoben, ist solcher durch Vermittlung der Räthe des Herzogs Ludwig von Bayern, Hans Trummen, Ritter, und Heinrich von Hertenberg, Hofmeister, der Räthe des Bischofs Johannes von Basel, Hans von Knöringen, Vogt zu Holbenfels und Wunibald Heidelbeck, Kanzler, des Landvogtes des Markgrafen Rudolf von Hochberg, Hans von Flachsland, des Botschafters des Capitels des Stifts zu Basel, Hans Wernher von Flachsland, Domprobst, der Rathsboten der Städte Basel und Nürnberg, Heinrich Iselin, Zunftmeister, und Ruprecht Haller, Bürger von Nürnberg — gütlich beigetragen und eine Richtung hergestellt worden, die dauert bis zu Austrag des fünfzehnjährigen Friedens, und folgende Punkte enthält:

1) Soll und will Herzog Sigismund die Klage, Forderung und Ansprache, die Bilgeri von Heudorf an die von Schaffhausen und an Conrad und Hans von Fulach³) gehabt hat, ganz abtragen und unklaghaft machen,

---

¹) Sigismund war laut Urkunden, siehe unten p. 52, in Villingen, konnte also, da Trapp die Antwort wieder auf den andern Tag bringen sollte, nicht gefragt werden. Da aber erst am 27. abgeschlossen wurde, ist möglich, daß Sigismunds Bestätigung eingeholt wurde.

²) Abgedruckt bei Tschudi 2, 690. Ort der Abschließung war sehr wahrscheinlich Laufenburg. cfr. Note 1 auf p. 51. Die Formulirung (Beschreibung) des Friedensschlusses geschah durch den Kanzler des Bischofs von Basel, Wunibald Heidelbeck, der dafür 50 fl. und ein Pferd von den Eidgenossen erhielt. Tschudi 2, 695.

³) Wegen der Burg Laufen.

so daß jene beßhalb hiefür unbekümmert bleiben. Ebenso will er für die Aufhebung der Acht und Aberacht, in die Schaffhausen und die von Flubach durch Bilgeri gekommen, sorgen und ihnen darüber Briefe verschaffen.

2) Soll und will der Herzog Hansen am Stab die Schatzung, die ihm Bilgeri abgenommen hat, achtzehnhundert rheinischer Gulden, zwischen dem Tag des Friedensschlusses und Johannes, des Täufers Tag im kommenden Jahre, laut Hansen von Stab ausgestellten Briefes, zurückbezahlen.

3) Soll und will Sigismund die von Mühlhausen bei ihren Freiheiten, Gerechtigkeiten, Jahrmärkten, Gewerb und feilem Kauf, wie sie es von Alters her geübt und gebraucht haben, gnädig belassen. Entstünde wegen des beiderseitig zugefügten Kostens und Schadens Zwietracht, so sollte Markgraf Rudolf entscheiden. Ferner wird weder der Herzog noch seine Hauptleute im Elsaß und Sundgau seinen Unterthanen verbieten, den Markt in Mühlhausen zu besuchen.

4) Bezahlt der Herzog den Eidgenossen für ihren Schaden und ihre Kosten, so sie im Lager und des Krieges überhaupt wegen gehabt, zwischen jetzt und Johannes, des Täufers Tag nächsten Jahres, zehntausend rheinischer Gulden; geschieht dies nicht auf den genannten Tag, so sollen die Bürger von Waldshut und des Herzogs Leute auf dem Schwarzwald, sobald sie nach Johanni von den Eidgenossen gemahnt werden, sei es durch Brief oder Boten, einen Monat nach der Mahnung den Eidgenossen künftighin in allen Dingen und mit allen Sachen gehorsam sein, wie sie es seither dem Herzoge waren, und wie sie es zu thun laut eines den Eidgenossen mit diesem Friedensvertrag ausgestellten Briefes[1]) geschworen haben.

5) Soll und will der Herzog durch Hilfe des Herzogs Ludwig von Bayern bei dem hl. Vater, dem Papste, und bei dem römischen Kaiser bewirken, daß die Eidgenossen und die Ihrigen weder des fünfjährigen Friedens wegen, den sie angeblich gebrochen hätten, noch wegen des nicht beachteten Mahnbriefes des Kaisers und der nicht eingehaltenen Vorladung durch den kaiserlichen Fiskal irgendwie behelliget werden.

6) Was die Ansprüche, die allenfalls einzelne Städte oder Personen auf beiden Seiten, gegen einander hätten, betrifft, so wird Herzog Ludwig von Bayern, zwischen jetzt und nächster Lichtmeß einen freundlichen Tag ansetzen, um Alles gütlich beizulegen; sollte dem Herzog nicht gelingen, alle Ansprüche zu beseitigen, so hat jeder Theil bei dem Rechte zu bleiben, das er jetzt inne hat.[2]) Zugleich solle der Herzog Ludwig auf diesen Tag ver-

---

[1]) Abgedruckt bei Tschudi 2, 691. Er besagt, daß Schultheiß, Rath und Gemeinde zu Waldshut, und die Einungsmeister und Gemeinden des Waldes geschworen hätten, den Eidgenossen unterthan zu sein, falls die Summe in genannter Frist vom Herzog oder seinen Erben nicht bezahlt wäre.

[2]) So blieb das Städtchen Thiengen zu Handen der Eidgenossen. Tschudi 2, 695.

suchen, zwischen Sigismund und den Eidgenossen einen ewigen Frieden zu Stande zu bringen.

7) Alle Klöster, Spitäler und Gotteshäuser in der Eidgenossenschaft, die Zinsen, Nutzen, Gericht oder Gerechtigkeit in des Herzogs Landen haben, sollen ohne Irrung dabei bleiben und umgekehrt.

8) Jeder Unwille und jede Unfreundlichkeit, die von des Krieges wegen im Allgemeinen oder Einzelnen bestanden haben, sollen ab sein und die Eidgenossen und des Herzogs Leute friedlich und freundlich unter einander handeln und wandeln.[1])

9) Endlich sollen alle Gefangenen, die in dem Kriege zu beiden Seiten gemacht wurden, nach geschworener Urfehde, mit ziemlicher Speisung versehen, entlassen werden, und Raub, Brand, Todtschlag und Schlossbrüche (Brechung von Schlössern), wie sie während des Krieges geschehen, gänzlich ab sein und von keinem Theile gegen den andern deßhalb Ansprache oder Unfriede sein.

Mit diesen Punkten ward der Friede abgeschlossen, und Waldshut vom Sturme gerettet.

Unter dem Geläute aller Glocken öffneten sich am andern Morgen, Sonntag, die Stadtthore, und in freudigen Festen ergingen sich Freund und Feind. Sigismund, der nach einigen Tagen selbst gen Waldshut kam, verlieh der bedrängten Stadt das Recht, den habsburgischen Löwen im Wappen zu führen.[2])

Für ewige Zeiten aber sollte, nach Beschluß des Stadtrathes, am Tage des Friedensschlusses die Belagerungsgeschichte von der Kanzel verlesen und ein feierliches Todtenamt für die Gefallenen gehalten,[3]) am folgenden Sonntag aber die Kirchweih mit allerlei Volksbelustigungen gefeiert werden. —

Der abgeschlossene Friede war den Eidgenossen günstig; denn einmal hatten sie für Mühlhausen und Schaffhausen, was ihre nächste Forderung gewesen war, Recht gewonnen und dazu war eine beträchtliche Geldsumme ihre, oder, wenn der Herzog nicht zahlte, was die Schweizer ziemlich sicher erwarteten, eine Stadt und ein Bergrücken, der ihre nördliche Grenze trefflich abschloß. Man dachte aber deßhalb österreichischer Seits auch nicht daran, die für den Herzog so ungünstige Richtung zu halten; man hatte sich nur für die höchste Noth Ruhe und Sicherung schaffen wollen, indem man die Eidgenossen für einstweilen aus dem Felde schaffte.

Dies zeigte sich sofort nach dem Heimzug der Schweizer.

---

[1]) Dies befiehlt auch Jakob Trapp namentlich an in dem Schreiben, durch das er den Freiburgern den Friedensabschluß kund that. Schreiber Urkdb. 2, 517. Es ist d. d. 27. Aug. Laufenburg, woraus ich schließe, daß hier auch der Friede geschlossen wurde.
[2]) cfr. die oben angegebene Inschrift. Bis dahin führte sie im Wappen das sog. Waldshuter „Stadtmännle".
[3]) Notiz im Stadtarchiv Waldshut.

Bilgeri begann sofort wieder sein altes Wesen gegen die von Schaffhausen und von Julach, so daß die von Bern und andere Eidgenossen dem Herzog öfters schrieben, er möge den Heudorfer zu Recht weisen. Aber umsonst, sie bekamen stets aus Sigismunds Kanzlei eine unfreundliche Antwort, woran, wie der Chronist richtig bemerkt, mehr die Räthe als der Fürst selbst Schuld waren.[1]) Jene und mit ihnen die Landvögte und Ritter im Hegau[2]) und Sundgau lagen dem Herzog immer ob, den Schweizern den Frieden nicht zu halten. Sigismund war im Monat September langsam am Rheine hinuntergezogen und hatte zu Neuenburg mit den Rittern und Städten des Breisgaues und Sundgaues getagt und ward dort ein Anschlag gegen die Eidgenossen beredet[3]) und darüber am 2. Oktober in Freiburg von den Prälaten, Rittern und Städten des Breisgaues weiter verhandelt.[4]) Um die Schweizer ruhiger zu halten, hatte Herzog Ludwig, dem Friedensschluß gemäß, einen Tag nach Lauingen anberaumt, um Sigismund und die Eidgenossen zu vertragen;[5]) worüber jedoch diese, Täuschung ahnend, beriethen, ob sie den Tag besuchen wollten.[6])

Sigismund klagte indeß den Fürsten und Herren auf den Tagen zu Frankfurt, Nürnberg und Speier über die Eidgenossen und brachte Mainz, Trier, Pfalz, Bayern, Baden, Straßburg und Metz dazu, daß sie ihm Mannschaft gegen jene zu schicken beschlossen.[7]) Doch mochte den Räthen des Herzogs diese Hülfe noch zu unbedeutend sein — sie kamen auf einen andern, großartigeren Gedanken, um sich an den Schweizern zu rächen. Sie riethen dem Herzoge, der durch Prachtliebe, Leichtsinn und Schwäche für Frauen und Günstlinge tief in Schulden gerathen war und deßhalb die zehntausend Gulden an die Eidgenossen aus eigenen Mitteln nie hätte zahlen können, die Vorlande, Elsaß, Sundgau, einen Theil des Breisgau's, die Waldstädte und den Schwarzwald einem Mächtigern zu verpfänden.

Hierdurch würde dann zweierlei erreicht: einmal bekäme der Herzog

---

[1]) „aber so me man batt und schrieb, so minder dies angesehen wart, und allwegen mit gefarlicher unfründtlicher Antwort angebenket, daran die Räthe me Schuld hatten, dann der Fürst." Schilling p. 69.
[2]) Mit dem Ritterbund zum Georgenschild in Oberschwaben hatte Sigismund noch am 26. Aug. in Villingen einen Bund gegen die Eidgenossen und deren Anhänger abgeschlossen. Lichnow. 7, CCCLXXXIX.
[3]) Schreiben Freiburgs an Sigismund d. d. 24. September 1468. Schreiber, Urkdb. 2, 517.
[4]) Schreiben Ritter Martins von Staufen an Freiburg. Schreiber l. c. p. 518. Unterm 4. Nov. beurkundet Hans Erhard von Reinach, daß Sigismund der Frau und den Kindern seines verstorbenen Bruders, Hans Heinrich von Rinach zugesagt, auf den Fall eines Krieges mit den Eidgenossen sie mit dem Schloß Bernau (½ Stunden unterhalb Waldshut auf dem linken Rheinufer) in Ruhe zu lassen. Lichnow. 7, CCCXCII.
[5]). 1468. Sept. 15. Landshut. Lichnow. 7, CCCXC.
[6]) Tschudi 2, 698.
[7]) Lichnow. 7, 122. Schilling p. 70.

eine so beträchtliche Summe Geldes in die Hand, daß er nicht nur die Schweizer, sondern auch andere bringende Gläubiger befriedigen könnte; sodann aber, was das Wichtigere war, würde den Eidgenossen ein Nachbar hingesetzt, der im Stande wäre, sie zu bändigen.

Solche, welche reich und mächtig genug waren, und denen die ausgesetzten Pfandschaften zum Theil gelegen waren, gab es damals nur zwei, den König Ludwig XI. von Frankreich und den Herzog Karl von Burgund, beide unter sich bittere Feinde. Sigismund besuchte Beide. In der Fasten des Jahres 1469 ritt er an den Hof Ludwigs XI. und bot diesem die Pfandschaft an. Der schlaue König aber, der einst als Dauphin die Armagnaken gegen die Schweizer geführt und bei St. Jakob ihre Tapferkeit hinlänglich kennen gelernt hatte, mochte mit den Schweizern nichts mehr zu thun haben und lehnte die Pfandschaft ab; trug jedoch dem Herzog zur Aufhelfung seiner Finanzen ein Jahrgeld von zehntausend Franken an.[1]) Ludwig gönnte den gefährlichen Handel lieber seinem Feinde, dem Herzog von Burgund, von dem er voraussah, daß er bald mit den Eidgenossen im Streite liegen würde.

Sigismund begab sich, jedenfalls auf Anrathen Ludwigs, am 21. März zum Herzog nach Arras,[2]) der ihn festlich empfing und ihn durch sein schönes, reiches Land führte. Zuerst stellten Sigismunds Räthe nur einen Antrag um Darlehen der Friedenssumme und als Karl diese, als unbedeutend, sofort bewilligte, rückten sie mit der Pfandschaft gegen eine fünf Mal so starke Summe heraus. Wichtig genug erschien dem kühnen Herzog für seine weitgehenden Pläne der Erwerb der angebotenen Länder — er griff sofort zu. Unterm 9. Mai ward zu St. Omer abgeschlossen. Um die Summe von fünfzigtausend Gulden[3]) verpfändete Sigismund dem Herzog von Burgund Schloß und Herrschaft Ortenberg, Stadt Bergheim, Stadt und Schloß Ensisheim, die Schlösser Isenheim und Landsehre, Stadt, Schloß und Herrschaft Altkirch, Stadt, Schloß und Vogtei Tann, Stadt Sennheim mit Dorf Steinbach, Stadt Masmünster mit dem obern und untern Thal, Burgstal und Herrschaft Rosenfels, die Städte Rothenberg, Blumberg, Dettenried, Breisach, Rheinfelden, Säckingen, Laufenburg, Waldshut, Schloß und Flecken Hauenstein und die Waldvogtei.[4])

Das war die für den Herzog von Burgund so verhängnißvoll gewordene Pfandschaft! —

Wenige Tage nach dem Abschluß der Verpfändung schritt der Kaiser, der, da Sigismund und die Eidgenossen, ohne Rücksicht auf sein Schreiben,

---
[1]) Müller 4, 572. Lichnow. 7, 124.
[2]) Comines, Memoires ed. Lenglet 2, 193 ff.
[3]) Nicht 80,000 wie Tschudi (2, 708) und andere Chronisten berichten.
[4]) Regeste bei Lichnow. 7, CCCXVIR.

den Frieden geschlossen hatten, seine Majestät verachtet glaubte, in der Sache nochmals ein. Er erklärte unterm 25. und 26. Mai von Graz aus[1]) den Vertrag Sigismunds mit den Schweizern für kraftlos, weil ersterer nothgedrungen darin sich verbindlich gemacht, letztern beim Kaiser und Papst die Straflosigkeit wegen des gebrochenen fünfjährigen Friedens zu erwirken — und forderte die Eidgenossen auf, sich wegen des Friedensbruches zu verantworten. Zugleich befiehlt er den Reichsständen, den Vertrag vom 27. August 1468 ebenfalls für nichtig zu erkennen und dem Herzog beizustehen, und fordert die von Waldshut und auf dem Schwarzwalde, Schaffhausen und den Hans am Stad in Bezug auf den Vertrag zu Gleichem auf. Doch weder Sigismund und die Reichsstände, noch die Eidgenossen kehrten sich an die kaiserlichen Mandate. Sigismund hielt es für eine Ehrensache, die eingegangene Schuld abzuzahlen, und dies um so mehr, je mehr ihm bekannt war, daß die Eidgenossen auf Nichtzahlung hofften.

Am Tage vor Johannes des Täufers Fest erschienen die Commissäre[2]) des Herzogs von Burgund in Bern und bezahlten der Eidgenossenschaft die Waldshuter Friedensgelder mit zehntausend Gulden und dem Bürgermeister von Schaffhausen, Hans am Stad, die achtzehntausend Gulden, um die ihn einst der Heudorfer geschätzt hatte. Wenige Tage darauf, am 28. Juni, huldigten die verpfändeten Lande dem Markgrafen Rudolf von Baden, im Namen des Herzogs, zu Ensisheim, wo zugleich der von Karl ernannte Landvogt, Peter von Hagenbach, vorgestellt ward, der sofort Alles nach streng burgundischem Fuß einzurichten begann.[3])

Der Kaiser ruhte jedoch nicht. Weil die Eidgenossen sich ihm nicht zur Verantwortung gestellt hatten, sprach er am 31. August[4]) wegen Friedensbruchs die Reichsacht und Aberacht über dieselben aus und verfällte sie in die fiscalischen Strafen; Strafen, die so wenig wie die Acht jemals an ihnen vollzogen wurden. Den Herzog Sigismund aber sprach Friedrich einen Monat später[5]) von aller Schuld wegen des mit den Eidgenossen eingegangenen Vertrages los, da er es nicht aus Majestätsverachtung, sondern aus Noth gethan habe. —

Einige Jahre gingen in's Land, während deren Peter von Hagenbach die Spannung zwischen den Eidgenossen und seinem Herzoge immer mehr vergrößert,[6]) dagegen Karls unermüdlicher Feind, Ludwig von Frankreich,

---
[1]) Lichnow. 7, CCCXCV.
[2]) Es waren die Herren Wilhelm de la Baume, des Herzogs Rath und Wilhelm von Rochefort, sein maître de requêtes. Gollut, Mem. de la republ. Sequan. p. 839.
[3]) Müller 4, 575. Lichnow. 7, 125.
[4]) Neustadt. Lichnow. 7, CCCXCVII.
[5]) 1468. Sept. 27. Graz. Lichnow. 8, CCCXCVIII.
[6]) Siehe Schilling p. 69 ff. Henne-Am Rhyn p. 452 ff.

Annäherung an die Schweizer gesucht und gefunden hatte.¹) Mit Herzog Sigismund waren in den Jahren 1472 und 1473 Irrungen wieder vorgekommen, namentlich des tollen Heuborfers²) wegen, der im Frühjahr des letztgenannten Jahres Kaufleute von Bern, Luzern, Schwyz und andern Orten der Eidgenossenschaft, die den Rhein hinab auf die Messe nach Frankfurt zogen, bei Breisach niedergeworfen, beraubt und nach Schuttern gefangen geführt hatte.³) Von da ab suchte Ludwig XI. den Herzog und die Eidgenossen bleibend zu versöhnen, um beide gegen den Herzog von Burgund benützen zu können. Sigismunden gewann er durch das schon früher angebotene Jahrgeld von 10,000 Livres⁴) und die Eidgenossen durch ihren Landsmann, den feinen Jost von Syliuen, Abminiftrator von Grenoble und Probst von Münster im Aargau.⁵) Diesen hatte Ludwig Ende des Jahres 1473 durch die Schweiz nach Constanz geschickt, um die Vermittlung zu bewirken, um alte Feinde zu versöhnen und sie zu neuen des Herzogs Karl von Burgund zu machen.

Es kam zum Vergleich: Zwischen Herzog Sigismund und den acht Orten Zürich, Bern, Luzern, Solothurn, Uri, Schwyz, Zug und Glarus sei Waffenstillstand; die genannten Orte behalten ihre Erwerbungen und geben alle Urkunden zurück, die nicht ihre eigenen Lande betreffen; die Waldstädte, Waldshut, Säckingen, Laufenburg, Rheinfelden und der Hauenstein bleiben den Eidgenossen offen, und deren Bürger beschwören es; beide Theile leisten sich gegenseitig Beistand; Männer der Eidgenossen dürfen zum Herzog in Sold gehen; kein Theil soll Leute des Anderen aufnehmen; es bestehe ganz freier Handel; der Bischof von Constanz sei Schiedsrichter alles noch nicht Vertragenen; das Uebereinkommen trete sogleich in Kraft und werde von zehn zu zehn Jahren erneuert.⁶) Dies war die sog. „ewige Richtung" zwischen Oesterreich und der Eidgenossenschaft. Es war das erste Mal seit dem Jahre 1415, daß es ernstlich Friede zu werden schien zwischen den Schweizern und den Herzogen von Oesterreich und deren Rittern in den Vorlanden. Am 30. März ward diese Richtung von den Gewaltboten der Eidgenossen zu Constanz unterzeichnet⁷) und am 11. Juni vom König Ludwig bestätigt.⁸)

¹) Tschudi 2, 711.
²) Er stand jetzt in Diensten des Herzogs von Burgund. Schilling p. 76.
³) Schilling p. 76. Ueber die beßfaussigen und früheren Unterhandlungen, siehe Regeste bei Lichnow. 7, CCCCXVIII und CCCCXXII. Die von Straßburg zogen sofort vor Schuttern, belagerten und nahmen das Schloß und befreiten die Gefangenen. Sie vergalten also den Schweizern, die einst für die von den Grafen von Sulz niedergeworfenen Straßburger die Waffen ergriffen hatten; cfr. p. 7.
⁴) Lichnowsky 7, CCCCXXVII.
⁵) Müller 4, 573.
⁶) Ochs, Gesch. von Basel 4, 255 ff. Lichnow. 7, 155 ff.
⁷) Lichnow. 7, CCCCXXVIII.
⁸) 1474. Juni 11. Senlis. Zellweger Urkdb. II. L. 432.

Sigismund, der selbst in Constanz gewesen war, besuchte sofort Zürich und Einsiedeln, und wurde allenthalben, als neuer Freund, mit Jubel empfangen. Nach Constanz zurückgekehrt, schloß er mit Bischof Ruprecht von Straßburg, dem Herzog Ludwig von Bayern, dem Bischof Johann von Basel und den Reichsstädten Straßburg, Basel, Colmar und Schlettstadt — „dem sog. niedern Bunde" — ein zehnjähriges Bündniß, sagte dem Herzog von Burgund seine Dienste auf und kündigte die Pfandsumme, die ihm die genannten vier Städte, auf Ludwigs von Frankreich und obiger Bischöfe Betreiben hin, vorstreckten.[1])

Karl schlug die Rückerstattung ab, weil die für eine Auslösung üblichen Förmlichkeiten nicht beobachtet wurden und sandte Boten an die Eidgenossen und ließ sie um Frieden mit ihm angehen; doch ohne Erfolg.

Die Nachricht, daß die Pfandsumme in Basel niedergelegt sei und Hagenbach's strenges Regiment, brachte die verpfändeten Ländertheile in Aufruhr gegen die burgundische Herrschaft; sie pflanzten allenthalben wieder die österreichische Fahne auf.

Hagenbach vom Walde, wo ihm Säckingen, und aus dem Elsaß, wo ihm Ensisheim die Thore schloß, ausgewiesen, zog sich nach Breisach zurück, wo er bald darauf, in Anwesenheit Sigismunds und eidgenössischer Boten von Bern und Luzern, zum Tode verurtheilt und hingerichtet ward.[2])

Karl, auf's Höchste erzürnt, überfiel hierauf den Sundgau und wüstete grausam und verbündete sich mit England, dem Erbfeinde Frankreichs, worauf Ludwig durch seine Gesandten auf alle mögliche Weise die Eidgenossen, die bereits auf den Einfall der Burgunder in den Sundgau gerüstet hatten, für sich, gegen Karl, den Kühnen, zu gewinnen suchte. Nach langer Verhandlung siegte der schlaue Welsche, da auch der Kaiser und Sigismund mahnten. Am 26. Oktober 1474 sagten die Eidgenossen dem Herzoge ab, der bei Empfang des Briefes zornig ausrief: O Borna, Berna![3])

Jetzt standen Eidgenossen und Oesterreicher, nach langen Jahren, nicht gegen einander, sondern neben einander gegen einen gemeinsamen Feind.

Und wie war es in wenigen Jahren so ganz anders geworden, als die frühere Absicht des Herzogs von Oesterreich gewesen war! Durch die Verpfändung hatte Sigismund den ihm und seinen Rittern so verhaßten Schweizern einen Rächer auf den Nacken setzen wollen, der mit mächtiger Hand sie züchtige und niederhalte. Und jetzt?! Jetzt waren Oesterreich und die Eidgenossen Freunde geworden, und ihr gemeinsamer Feind der, den

---

[1]) Lichnow. 7, CCCCXXIX. Schreiber, Urkdb. 2, 537.
[2]) Schilling 112 ff. Henne-Am Rhyn p. 462, Ochs 4, 261 ff.
[3]) Schilling p. 135 und 136, wo der Absagebrief ganz mitgetheilt ist.

Sigismund hatte gegen die Schweizer benützen wollen. Bei Hericourt und vor Blamont standen unter österreichischem Oberbefehl Schweizer und Oesterreicher in einer Schlachtordnung nebeneinander gegen den Burgunder, der wahrlich weder an Sigismund noch an den Eidgenossen dieses verdient hatte. Es folgten jene wunderbaren, furchtbaren Siege der Schweizer bei Granson und Murten und Karl war gestürzt — mit Sigismund aber schlossen die siegreichen Eidgenossen neuen, aufrichtigen Frieden für alle seine Lande.[1])

Des österreichischen Herzogs Zweck war erreicht; ohne Lösungssumme war er wieder in den Besitz seiner verpfändeten Lande gekommen, mit den Schweizern zu einem festen Frieden.

Welche Folgen aber hatte es gehabt, daß Sigismund, um die vor Waldshut zugesagten zehntausend Gulden aufzubringen, mit dem Burgunder angeknüpft hatte?! — Aber so geht der Gang der Geschichte.

---

[1]) 1477. Oktober 13. Zürich. Lichnow. 7, CCCCLXI.

Berichtigung: p. 12, Note 6, lies: an den Kurfürsten, statt: von dem Kurfürst.

# Das Waldshuter Lied.*)

Ein nüwes Lieblin heb ich an,
Das singen ich so best ich kan,
Wie es stat in dem Lande.
Der adel hat gemacht ein puud,
Und hat erdacht ein nüwen fund,
Den Schwitzern anzutuond groß schande.

So fiengend an haben groß Muy
Si meinteud das zit wär nun hin,
Die Schwitzer gar zvertrieben,
Kämind si nun zu uns uff b'wyt
So könbind wir inn geben strit,
Ir müeft keiner lebend bliben.

Si redtend alle überlut,
Wir geud umb niemand nit ein krut
Wir bgärend an die eydgnossen
Der bär von Bern tar nit beruß
Er hat ab uns ein grossen gruß,
Der stier darf nimmen stossen.

Der Schwarzwald vermag mengen man,
Mit denen wend wir fröhlich dran
D'Schaffhuser zwingen in ir mure.
Mülhusen das muß liben pin,
Und muß ouch unser eigen sin
Es muß inn werden sure.

Sölicher anschleg tatends vil,
Darumb ich üch um singen wil,
Mich dunkt der mon habs betrogen.
Des finds im Sungöw innen worden,
Die eidgnossen kament nach) ir orben,
Si sind durch Elsaß zogen.

Die eidgnossen namend inn ir munt
Und zugend an Rhin für Waltzhut
Ir panner sach mans erschwingen.
Si zugend durch berg und durch tal
Vil stolzger eidgnossen one zal
Hort man sin harnisch klingen.

Si schlugend uff ir zelt und hütten,
Vor der statt Waltzhut an ir sten
Ze nächst wol an ir mure.
Si schussend brin mit gutem mut,
Und schussend ab dem wald sin hut,
Ward denen in der statt sure.

Mit mengerley büchsen groß und klein
Schussend sie mengen harten stein
Daß es gar mit tett brummen.

Zehntusend guldin mußtend geben
Das die eidgnossen si liessent leben,
Des hat mans kum überkummen.

Enge imm Hegöw¹) hört öch hernach,
D'Schaffuser laßt man usser der Aach
Zweitusend gulden inen darzuo geben.
Der Schwarzwald ist das unterpfand,
Waltzhut hats gelopt mit der hand,
Es was innen nit gar eben.

Schwarzwald du lugst nit wol darzuo
Man hat dir gnommen mengi kuo,
Von der letz sind ir vil g'flochen,
Do die Schwitzer zugend her,
Der hinderst fuß war üch unmer
Uch hat übel an inen g'fchochen.

Man nam inen rinder, roß und schaff,
Apt von St Bläsi ward ouch gestrafft,
Drytusend guldin mußt er geben.
Damit da kouft ers ab dem wald,
To tribends irn roub gar bald
Gen Schaffhusen kam inen gar eben.

Das hat man ze Bondorf wol vernon,
Do inen das vendli ward genon,
Darzuo erstochen und gfangen.
Das vech trieb man in als dahin,
Bracht denen von Bondorf kleinen Gwin
Und macht ineu groß verlangen.

Zürich ist ein Ort so gut,
Bern gibt mir hochen mut
Lucern lob ich mit schallen
Uri, Unterwalden und Schwitz
Zug, Glarus, ir lob ich allzit bris,
Si tuond mir wol gefallen.

Von Appenzell so kam der bär
Mit zwelen von St. Gallen här
Zu Waltzhut suchtends weibe,
Waltzhut nun halt dich eben und vest,
Du hast gar vil der frömbben gäst,
Vier bäre tuond dir zleibe.

Darumb sing ich uß guten mut,
Diß nüwes Lieblin von Waltzhut
Thöni Steinhuser was öch im höre (Heere)
Ze Appenzell gat er uß und in
Er bienet schönen frowlein sin
Und prifet inen ir eere.

*) Zu gleicher Zeit mit dem Krieg von Anton Steinhuser von Appenzell, der mit im Lager vor Waldshut war, nach den Schweizern üblicher Art, die Kriegsereignisse sofort in den Volksmund zu bringen, gedichtet. Es steht bei Tschudi 2, 692.
¹) Die von Schaffhausen machten häufig Streifzüge borthin.

# Urkundliche Beilagen.

Erster Bericht des Hauptmanns, Fähndrichs und der Räthe von Zürich, die vor Waldshut zu Felde liegen, an ihre Stadtherren. An unsrer Frauentag zu Augsten (Montag 15. Aug.) 1468. Klingnau.*)

Fürsichtigen. fromen vnd wisen, besundern lieben herren. Uns er getrüw willig dienste syent üwer wisheit nach allem vnserm vermügen allezite von vns bereit zuuôr. Sundern lieben herren. Als wir gen Clingnow kôment, warent vnsers gnëdigen herren von Basel, der stifft vnd statt Basel botten zu Lütgern, der thompropst Wunnwald, der schriber Isely vnd ander, in begërung für vns eidgnossen ze komment. Denen morndes gen Clingnow getaget was. Da hin sy kôment. Und ir anbringen [was]: Inen ze gunnen, zuo disen sachen zuo redent, ob sy die zuo guotem bringen möchtent. Denen gedanket, vnd mit inen geredt ward: Wërint sy by dem widerteile gewesen, vnd hettent an dem ützit funden. das sy das zuo verstand gebent, so möchte inen dester witer geantwürt werden. Dartzuo sy die antwürt geben hand: Sy wërent by dem widerteile gewesen, vnd inen gunnen worden dartzuo reden ze lassen. Und daz wir das ouch tün vnd sy einen fride, ein tage zwên oder dryn, machen lassen wöltint zuo beider site zuo ruowent, das sy dester fruchtbârlicher dartzuo gereden kondent. Das vnser eidgnossen nament hinter sich ze bringent, vnd inen vff hüt vff die VI stund vormittag darüber antwürt ze gebent. Da wir von üwer wegen verfolget hettint des fridens, als das vor üwers willens gewesen ist. Aber die andern alle meintent. das es nit guot wëre, vnd wöltent des nit verfolgen. Und ist die antwürt gëben, der fride abgeschlagen, vnd inen gunnen worden, in offner vintschaft darin reden ze lassen. Und wurde also von inen ützit an vns brâcht, dartzuo sy dann gepürlich antwürt geben wöltent. Daruff sy gern wissen woltent, ob sy das tagen am widerteile vinden möchtent, wo vns denn das guot sin bedüchte, vnd mit wie vil personen wir das gern haben wöltint. Da inen Lüggern für-

---

*) Sämmtliche Berichte sind aus den Originalen des Staatsarchivs Zürich und verdanke ich die Mittheilung derselben dem Hrn. Staatsarchivar Dr. Metz in Zürich bestens.

geschlagen ward, vnd ob XXX vnd vnder XL personen ze tagen
ze schickent. Und jetweder teile, dar vnd wider dannen an sin ge‑
warsami, geleit haben sölte. Daruff sy geredt hand, das an wider‑
teile ze bringent. Und ob dem nit eben sin wöllte zuo Lüggern ze
tagen, als das wit wëre, das sy denn gen Houwenstein köment vnd
wir gen Toggern, nâch by vnser eidgnossen von Bern leger, da
sy von vns denn beidersite geriten vnd die sache gearbeiten
möchten. Und als sy bis an den Rin geletznet hettent, vnd sy (ob
sy des verfolgen wöllten) durch die letzinen lassen müesstent, dass
wir denn daselbs durch dem widerteile deheinen schaden zu füegen
wölltent. Und desglichen von im ouch beschëhe. Das inen zuogesagt
ist. Und vff das, so sind sy abgescheiden, an den widerteile iren
gewerbe ze bringent, vnd was sy fundint, vns das ze wissen ze
tuonde. So hät der rich hertzog in das velde geschriben, sinen botten
geleit ze gebent, in die sache mögent ze reden, dauor geleit geben,
vnd inen vff jetz donrstag ze nacht zuo Schaffhusen ze sinde, tage
gëben ist. Was dero gewerbes sin werde, mögen wir nit wissen. So
liggent vnser eidgnossen von Bern vnd ettlich von Lutzern vast
daruff, ze stürment. Da wir nit verstân konnent, das sölichs noch
ze tuonde sye. Denn in sorgen, vil fromer lütten ze verlierent. Da‑
rumb wir noch nit daran sind ze stürment. Wöllte aber üwers willens
anders darinne sîn, möchtent ir vns wissen lassen, so wöllent wir
alle zite üwers willens pflegen. Geben zu Clingnow vff vnser
lieben frowen tag zu augsten nach mittentag anno MCCCCLXVIII°.

Heinrich Swend ritter üwer houptmann<br>
Heinrich Röist üwers râtes, vnd üwer<br>
stattschriber Cuonrat von Châm.

Adresse: Den fürsichtigen frommen vnd wisen dem burgermeister
vnd râte der statt Zürich, vnsern lieben herren.

## Zweiter Bericht vom Dienstag nach unsrer lieben Frauen‑Tag zu Augsten. (16. Aug.) 1468.

Fürsichtigen, fromen vnd wisen, besundern lieben herren. Unſer
getrüw willig dienste syent üwer wisheit nach allem vnserm ver‑
mögen allezîte von vns bereit zuuôr. Sundern lieben herren. Üwer
schriben, vns jetz by dem Büler geschickt, habent wir gehört. Und

wie üwer wisheit vff gester von vns ettlichen ist geschriben, wer vnderstanden hät, zuo den sachen ze redent, vnd was wir denen geantwürt hand, das sind noch die vndertüdinger, die wir wissent. Und vff sölich gëben antwürt habent sy vff hütt Hanns Jrmin von Basel zuo vns eidgnossen in das feld geschickt, vnd in mit vns reden lassen. Als sy gestern gen Lüggern komen wërint, hettent sy da ein botten funden, by dem inen von vnserm herren von Basel vnd der statt Basel geschriben wëre, das hertzog Ludwigs räte dem bischoff vnd der statt Basel geschriben hettint, das sin gnâd selbs personlich oder (ob er das nit möchte) sin botschafft, vnd die statt Basel ouch ir botten zuo inen helffen zuo disen sachen ze reden schicken wöltent. Und inen beuolhen, dartzuo riten. Da sy besorgt hettint, söltent sy das tuon, daz es sich ze lang vertziehen wurde. Und wërent gen Louffenberg gester geritten, vnd hettint, vmb fürdrung willen, das so sy an vns hettent funden an des hertzogen räte geworben. Und an denen des tags vff hüt zu suochen volg funden. Und das wir vff hüt mittag vnser aller botten ze Togern haben wöltent. Und vmb Kürzrung willen wöltint sy hertzog Ludwigs räten schriben, gen Clingnow fürderlichen zo koment vnd des hertzogen räte mit inen ze bringent. Und das wir inen dahin ze koment ein geleit schicken, vnd irem botten einen Fuossboten ouch zuo geben wöltint, sy helffen ze beleitten. Da wir inen gen Keiserstuol geleit gëben hand, vnd sy noch nit gen Clingnow lassen wöltent. Und wellent alzo hüt hören ze Togern, was an vns brächt werden welle. Und hand von vns dartzuo geordnet Heinrich Röisten vnd den stattschriber. Und vernëment wir darinne ützit üch notdurftig sye ze wissen, wellent wir üch ze wissen tuon. Und von des stürmens wegen liggent vnser eidgnossen Bern vnd Solotern daruff starck ze stürment. Und habent vff hüt von vns allen begërt ze vernëment, ob wir stürmen wellint, daz söllichs mit ordnung vnd dem so dartzuo gehöre fürgenommen werde. Wir habent dartzuo antwürt geben. Als sich vff gester geeint wëre, die ding ze besëhen, ob ze stürment wëre, das sölichs beschechen gelassen wurde. Wenn wir denn die selben gehorttint, so wöltint wir denn das an vnser gemeinde bringen, vnd dann darnach vnser antwürt geben, dero wir getrüwtint ëre ze habent. Die von Bern hettent gern mêr antwürt von vns gehept. Wir habent aber das daby beliben lassen. Als uns je noch nit beduncken wil, das ze stürment sye, denn mit grossem schaden vnd verlieren der lütten. Was aber sy gemeinlich oder der mêrteile tuon werdent, das mögent

wir mit êren kûm abschlachen. Und der andern ortten antwürt
ist gewesen: Was sy gemeinlich oder der mêrteil tüegent, das
wellent sy ouch tuon, vnd by einander beliben, vnd sich nit von
einander teilen lassen, vnd mit iren zeichnen stürmen. Und wie
es sich fürer von des stürmens wegen begëben vnd machen werde,
mögent wir nit wissen. Und von des Keisers antwürt wegen habent
wir gehört. Und woltent vnser eidgnossen ouch die gehört gelassen
haben. Was inen so nôt, von einandern, daz sy die nit hören wöltent.
Und rettent, sy hettent botten dartzuo geordnet, die vff jetz fritag
by üch sin söltent, mit üwern räten ein antwürt ze stellent. Und
die von Bern begërtent der abgeschrift, so woltent sy die abschriben
lassen. Die wir inen gelihen hand. Und möchte das darin gezogen
werden, daz vns vnbillichen ein morde angezogen worden wëre,
vnd wir des billichen vertragen beliben wërint. Wölte vns nit als
vnnottdurfftig sin beduncken. Doch üwer wisheit weist dem wol
zuo tuonde. Und wir schicktint der üwern gern die alten einweg.
So mögent wir das jetz, so der sturm also vor handen ist, mit
fuoge nit wol tuon. Aber so erst das fuog wil haben, so sol das
beschëchen. So habent die von sant Gallen vff hüt in das velde
geschriben von einem grossen zuge, vnd das wir in dem velde be-
legert vnd mit büchsen von einander gedrëngt werden söllint. Und
ob wir stürmen, daz sy denn mit sölichem zuge die statt entschütten
wellint. Geben vff zinstag vmb mittag nach vnser lieben frowentag
zuo augsten anno MCCCCLXVIII°.
      Üwer houptmann, vënner vnd räte, als wir
      vor Waltzhuot zc uëlde ligent.
Den fürsichtigen etc.

Dritter Bericht vom Mittwoch nach unsrer lieben Frauentag
zu Augsten (17. Aug.) 1648.

 Fürsichtigen, fromen vnd wisen, besundern lieben herren. Unser
getrüw willig diensto syent üwer wisheit nach allem vnserm vermögen allezîte von uns bereit zuuôr. Sundern lieben herren. Also sind
unser vnd ander eidgenossen botten vff gestern gen Togern zuo den
vndertëdingern kommen. Und die habent von uns allen früntlichen
begert, inen ettlich wege zuo verstand ze gebent, damit die sachen

möchtent betragen werden. Da vnser botten daran warent, die vordrung zuo tuonde, das die von Schaffhûsen vss der acht gelassen wurdint vnd inen her Bilgery abgenommen, vnd inen das schatzgeld geben vnd inen cost vnd schade abgetragen wurde. Und das vns allen als helffern vnser cost vnd schad. den wir genomen hettint, ouch geben wurde. Und die wîle das nit beschechen wêre, so wöltint wir vnserm fürnemen nachkommen. Sölichs vnser eidgenossen von Bern botten nit geuallen wolt, vnd daruff lagent, die vndertëdinger wistint die sache wol. Darumb nit nottdurftig wëre, inen vil ze sagent. Und das sy für sich selbs wege fürnemen möchtint, damit sy meintint die sache hin ze tuonde sin möchte. Des râtes inen von den andern geuolget, vnd das den vndertëdingern geantwurt wart. Daruff sy antwürtent: Sy wërent vsgeuertiget, iren flisse zebrûchent, ob sy die sache zuo guotem bringen, vnd das sy ouch gern tuon wöltint. Und köndint dartzuo nit vil gereden, sy wisstint denn, wo mit das zerichtent wëre. Und wôn wir zuo beider site in grossen costen wërint, daz wir inen denn zu verstând geben wöltint, vff was wege das ze arbeiten wëre. Dar inne sy denne ir getrüwe arbeite brûchen wöltint. Da vnser botten aber vff der obgenannten meynung warent inen das ze uerstand ze geben, die wile doch üwer absagung daruff gestelt wëre, das ir helffer sin wöltint, die wile das nit beschëchen wëre. Und sy versëhint sich, das ir nach üwer absagung daruff beliben wurdint, als ir ouch mit fuoge anders nit getuon möchtint. Aber es wolt alzo vnser eidgnossen von Bern botten, Diesspach vnd Ringoltingen nit geuallen vnd meintent das den vndertëdingern kurz zuo verstand gëben werden sölte: Wir wöltint vnserm fürnemen nachkommen, bis die von Schafthûsen, Millhûsen vnd ander vnser zuogewandten vnd wir alle als helffer abgetragen vnd benüegig gemacht wurdint. Denen die andern volgtent. Und sunder schultheiss von Hunnwil dartzuo redt: Er vnd sein geselle Herttenstein wërint von iren herren nit vssgeuertiget, dehein vordrung ze tuonde vnd nu ze losent, was an sy brâcht wurde vnd das denn wider heim ze bringent. Und doch wölte er dawider nit sin, inen wurde geantwürt als von der von Bern Botten dauon geredt vnd gerâtten wëre, die antwürt den vndertëdingern geben. Und souil mer dartzuo von Diesspach geredt wartt: Wëre daz jezt beschehen, so versëhe er sich doch nit, daz sin herren daran benüegen haben wurdint, sy hettind denn dartzuo Waldshuot ouch vnd wërent da irem fürnemen nachgangen. Daran die vndertëdinger nit begnügen haben wolten, vnd meintent das sy daruff nit wisstint, das ze arbeitten, das sich ze guotem zichen möchte. Und sunder redt her Hans von Flachsland, der ouch von vnsers herren des marggràffen von Rötteln wegen zuo inen komen was: Söltint wir vmb vnser ansprachen abgetragen werden, vnd wöltint denn erst dartzuo Waltzhuot haben, das wäre ein unziemlich fürnemen vnd sy köndint also dartzuo nützit gereden. Und belibint wir daruff, so dancktint sy vns, das wir sy gehört hettint. Und das wir vns eins zimlichen vnd bessern bedencken wöltint, daruff sy in der sache gearbeiten köndint. Da unser botten aber vff dem ersten irem râtte belibent. Wurde sölichs beschehen, so getrüwtint sy, das möchte an vns allen funden werden. Was aber dar inne vnser aller obern tuon wurdint, möchtint sy nit wissen. Des ist verfolget, vnd das den vndertëdingern geantwürt. Die das an dem widerteile werben vnd vff hüt die nünden stund zeinder Togern, da wir alle vnser botschaft by inen haben sõllint, vns da was sy funden habent sagen wellent. Dahin wir die vordrigen botten geordnet hand. Die Undertëdinger hettint aber gern gehept, die peyerischen räte mit den österrichischen räten zu Clingnow durch ze lassen. Das inen mit dem besten fuoge abgeschlagen, vnd mit inen geredt ist, sy zuo Louffenberg zuo inen kommen ze lassent. Dahin sy inen ouch zu kommen geschriben hand. Und bedüchte üwer Wissheit ützit anders in disen sachen fürzenemen, das lassent vns wissen, so wellent wir das tuon. Und vmb den sturm liggent vnser eidgnossen von Bern stark daruff, ze stürmend vnd schlâchend daś liechtencklichen ze tuonde an. Das in vns nit wil sin, das es also beschechen möge. Und gebent dartzuo antwürt, das uns bedüchte ze tuonde wäre. Und wie der sturm einen fürgang werde nëmen, das mögent wir üch noch nit eigenlichen geschriben. denn gott schikes alles zuo dem besten. Geben vff mitwuchen vmb die zwölfte stund ze mittag, nach vnser lieben frowen tag zuo augsten anno MCCCCLXVIII°.

     Üwer houptman vënner vnd räte, als wir
     vor Waltzuot zu velde ligent.

Den fürsichtigen etc.

## Vierter Bericht Donnerstag nach unserer lieben Frauentag zu Augsten (18. Aug.) 1468.

    Fürsichtigen etc.  Üwer wisheit schriben, vns by dem Meyer geschickt, habent wir gehört. Und vmb den

sturm hand wir eidgnossen vns mit einandern geeinbert, den ze
tuond, wie ir an der geschrift¹) so wir üch harinne schickent, vernemen werdent. Und vnser eidgnossen von Bern ligent daruff
sunderlichen vast, vnd tragent das ernstlichen an ander vnser eidgnossen ouch, das sy inen wilgen, vnd den sturm also tuon wöllent.
Und sy schent gern, das der morn beschĕche. Ob aber das fürgang nëme, wissent wir noch nit. So denn, als vnser botten mit
sampt vnsern eidgnossen vff gester zuo nider Togern gar nach by
Hôwenstein by den tödingsherren gewesen sind, der herschaff
antwürt vff das anbringen ze vernement, ist die antwürt also gesin.
Von der von Schaffhûsen wegen nëme den fürsten söliche vordrung
vnbillichen. Darvmb, als der XV järig fride ze Costentz gemacht
wurde, da uor sinem beschliessen habe Bilgry von Höwdorff rât,
dienst vnd alle verpflicht dem fürsten abkünt vnd abgesagt, darvmb,
das er nit wölte, das in der fride binden oder er darinne vergriffen
werden sölte. Und hett ouch das ze Costentz offenlich erscheinen
lassen, vmb das er sinen rechten nachkomen möchte. Und meine
inen nichtzit pflichtig oder schuldig ze sinde. Vmb die von Mil-
hûsen, die wërent zuo einem friden komen, vnd hettint darüber in
gebrënnt vnd die sinen vom leben zum tod brâcht, und mit sölichem
anreizung getân, dem so inen ouch dawider beschehen wëre. Darvmb er ouch nützit meinte schuldig ze tuonde sin. Aber zuo
tagen vôr hette er sich rechtzgen inen erbotten. Dero oder andrer
billicher rechten wölte er inen noch gestatten. Und vmb vnsern
costen vnd schaden, den wir alle meintint den er vns geben sölte,
als denn in der von Schaffhûsen sache wie obstât nit berürty, vnd
die von Mülhûsen wider den friden das ouch als obstât gehandelt
hettent, so meinte er vns ouch deheinen costen vnd schaden ze
gebent pflichtig ze sinde. Dartzuo geantwürt ist: Die antwürt von
her Bilgris wegen wëre frömd vnd vnbillichen ze hörent. Denn
es die wârheit also nit wëre, darumb. In der zite, als fride gemacht wëre, sye her Bilgry des fürsten vogt zuo Louffenberg vnd
sin rât, diener vnd hindersësse gewesen, vnd also in den friden
komen vnd verpflicht worden. Und darnach by jâr vnd tage ze
Louffenberg als ein vogt vnd hindersësse des fürsten gesessen.
So habe er ouch sin fürnemen uss des fürsten statt, vnd durch sine
schloss vnd lande vollbrâcht. Da der fürst (vff zöigung des friden)
aber schuldig gewesen wëre in dartzuo ze halten, den von Schaffhûsen abtragnusse ze tuonde, vnd von sinen rechten, wider den

---
¹) folgt unten im Abdruck.

friden fürgenomen, ze stånde. Und sy, ob er hett gewellen, nach des friden wisung gerechtuertiget, als das an den fürsten geuordert were. Und er das nit getân hette. Umb das die von Schaffhûsen billichen der beswërnusse, inen von her Bilgri beschechen, gelediget wurdint, vnd irem burgermeister sin schatzgelt widergeben, vnd inen coste vnd schade abgetragen wurde. So wërint die von Mülhûsen muottwillenklich zuo verderben brächt worden, vnd hettint darinne vnser eidgnossen vnd der von Schaffhûsen eugulten. Darumb inen ouch billichen wandel von dem fürsten beschähe. Und umb vnsern costen vnd schaden, so der fürst her Bilgrin von sinem vnbillichen fürnemen nit hett wellen wisen, vnd wir des ze costen vnd schaden komen vnd brächt worden wërint, so meintint wir das vns vnser coste vnd schade billichen abgetragen wurde. Und die wile sy anders nützit funden hettint, so danckent sy inen ir müge vnd arbeitte, vnd das sy iren herren irs costens ouch dank sagen wöltent. Daruff sy begerttent, das sy inen dryer gönnen von inen wöltent, mit denen wöltent sy fürer reden, mit namen Heinrich Röisten, der von Ringgoltingen vnd der von Hunnwil. Dero inen gunnen wart, mit inen zuo redent. Und sy beider sitte mit einander menigerleye geredt hand. So sind doch dis die wege fürzement gewesen. Das die von Schaffhûsen von der acht geabsoluiert vnd gentzlichen von her Bilgrin gelediget wurdint. Und irem burgermeister das schatzgeld ouch widergeben wurde. Und das den von Mülhûsen der gebottnen rechten oder andrer inlëndiger rechten eins gestattet vmb ir zuo sprüche wurde. Und vmb vnsern gelittnen costen vnd schaden versëhint si sich wol, das wir dauon nitt allenclich liessent. Sin wëre aber souil, daz in zwên fürsten kům bezalen möchtent. Und das wir dauon einen bescheidnen summ dafür ze gebent reden lassen wöltent. Dartzuo von den dryen inen geantwürt wart. Umb Schaffhûsen vnd Mülhûsen das wie obstât möchte villicht ze werben sîn. Aber vmb vnser aller costen etc., die wîle wir Waltzhuot also genötiget hettint, daz es als zuo guotter mâsse gewunnen hiesse, so wërint wir anders nit ze tädingen, denn das vns Waltzhuot wurde, vnd mêr dartzuo, für vnsern costen vnd schaden. Das sy meintent, das sölichs hart zuo wëgen ze bringent wëre, Waltzhuot ze übergeben. Aber vmb ein summ geltz da für möchte anzebringend sin. Und söllichs ist von den dryen an die andern brächt worden. Die meintent, sy wöltent inen dehein vnderwisung ze werben geben, vnd hettent ouch das nit in beuelhnuss, vnd das inen die dry das antwürtten söltent. Wurbint aber sy it von inen selbs, vnd brẻchtent das an vnser eidgnossen, versehent sy sich inen, wurd dartzuo zimlich antwürt geben. Und ir ettlich meintent nit daby ze sinde, das inen von inen allen oder den dryen dehein vnderwisung geben wurde, was sy werben söltint. Dauon der von Hunnwil erzürnt ward, vnd nit darby sin wolt, die antwürt ze gebent. Und wölte ouch nit das jemant von im rette, das er sy ützit vnderwisen hette. Also wurdent sy für die botten alle genommen, vnd inen von Röisten das wie obståt geantwürt. Und Hunnwil zog die von Rappreswil, vnd aman am Bül den Koler vnd den brandschatz im Rintal an, daz die von Rappreswil ouch benüegig gemacht werden söltent, vnd der fürst dem Koler eins rechten sin, vnd der brandschatz bezalt werden. Anders es wurde niemer gericht. Da die vndertädinger retttent: Kämen die houptsachen zuo guoten, so wöltent sy denn in sölichem ouch arbeitten, das es zuo guotem käme. Und vff hüt die VIII. stund söllent aber vnser botten zuo Bern sin, vnd fürer hören der vndertädinger werbnisse. Gëben vff donrstag nach vnser lieben frowen tage ze augsten anno MCCCCLXVIII°.

Üwer houptman, vënner vnd räte, als wir vor Waltzhuot ze uelde ligent.

Den fürsichtigen etc.

Programm zum Sturme, Inlage obigen Berichtes.

Ansehung des sturms.

Jtem des ersten. Das das feld mit reisigen besetzt werde, vnd wit hinden, als fern das gesin möge. Und das die höchinen mit fuossknechten besetzt werden söllint, vnd die sich lassint sëhen. Und das so stark tuon, das sy getrüwint, ze belibent. Und jegklich ort das besetz, als sy jetz die wachten hand. Und dero an jettlichem ortt der wachten vnder XX mannen nit sin söllen. Und das ettlich knechte zuo dem werch so gemacht ist, gen dem bolwerck ze triben, das zuo triben geordnett werden. Und darinne sin söllen IIII$^c$ knecht. Und von den IIII$^c$ knechten XXXII knecht geordnet werden, nützit anders zuo tuonde, dann zuo dem tôr ze louffent, ob sy das ablouffen möchtint vnd sy über das bolwerck hinin komen wërint. Und sölich IIII$^c$ knechte söllent halb kurtz wêrinen vnd halb lang spiess haben. Und vff sölich knechte die büchssenschützen, vnd vff die büchssenschützen die armbrostschützen zuo louffen geordnet werden söllint. Und die nützit anders tuon, noch achten, dann das sy mit irem geschütz die wêrinen vff der mûr blendint. Und das Lucern, Switz und Glarus mit ir paner by einander sin söllint, vnd gen dem obern tôr wertz beliben, vnd damit vff den sturm vnd paner warten, ob man iro nôtdurfftig sin wurde, inen ze hilffe ze koment. Und das Bern, Uri vnd Unterwalden gen dem nidern tôr wertz mit iren panern sin, vnd ouch als obstât tuon söllint. Und das Zürich, Zug, Schaffhûsen, sant Gallen die statt, vnd das gotzhûs sant Gallen vnd Appenzel by einander sin, vnd gen dem bollwerch zuo beliben söllint, ouch in mâssen wie obstât ze wartent. Und zuo sölichem sturm soll jettlich ort den dritten man gëben vnd ordnen, vud von den andern zwein teilen sin paner vnd das feld besetzen, vnd ir wachten vnd die warten wie obstât innhaben. Und ob got das gelück gäbe, das die statt erobert wurde, das dann niemant blündern, rouben, noch kein hûs mit brand ône erloubung gemeiner eidgnossen houptlüten anstossen noch brënnen sölle. Und das das heilig sacrament, priester, frowen vnd kind von den von Bern, so das in beuelhnusse habent, vff hüt donrstag herûs geuordert werden söllint. Und das ouch vnser eidgnossen von Bern mit ir zwein verdackten schiffen vff dem wasser damit ouch gen dem bolwerk zuo nöttigen vnd die von Lucern mit irem gerüsten schiff ouch vff dem wasser vff die von Bern wartten söllint, ob sy iro nôtdurftig sin wurdint, das sy inen ze hilffe komen mögint.

Fünfter Bericht vom Samstag den 20. August.

Fürsichtigen etc. Üwer schriben, uns by Bücler uf hüt geantwurt, habent wir gehört. Und das sich uf donrstag von den vndertedingen begeben hat, das hand ir von üwern râtsfründen, Hagnouwer vnd Kamblin wol vernomen. Und vf gester fritag sind vnser eidgnossen vnd vnser botten zuo Bern by den vndertedingern gewesen. Und habent sy gehört, was sy an dem widerteile funden hettint. Die also gerett hand. Von der von Schaffhûsen vnd Mülhûsen, wegen wie vor da von gerett wëre, daby belibe das. Und den von Höwdorf vnd sin anhang abzetragen, vnd vs dem keiserlichen hof die absoluiruug der acht usszeziechent, wurde den herzogen zwenzig tusend gulden costen. Und das wir die summ, die vns allen für vnsern costen werden sölte, in einer bescheidenheit

anslachen wöltent. Da von vns vnd vnsern eidgnossen botten ein
anslag beshechen wëre. Da woltent vnser eidgnossen von Bern
botten daby, gëlt ze vordern, nit sin, und ie nun Waltzhuot haben,
es wëre für den costen oder ein summ, in pfandz wîse. Und giengent
von den andern botten. Also gabent die andern botten ettliche
von inen dartzuo, mit den vndertëdingern ze reden, daz wir ie nun
Waltzhuot haben, vnd daz sy dartzuo reden wöltint, daz vns das
wurde, damit dis sache ze richtung käme. Daz sy ie nit meinent,
an dem widerteile ze vindent, und es sye inen da also abgeslagen worden, daz inen daz nit fürer anzebringent wëre. Und daz
wir ein summ gelts nëmen wöltent. So söltent die von Waltzhuot
vnd der Swartzwald swëren, jetz fürderlichen, vns die summ gelts
vf den tage, so genëmpt wurde, ze bezalent. Und ob daz von
inen vf den selben tage nit beshëche, daz dann Waltzhuot, Hôwenstein vnd der Swartzwalde, mit aller zuogehört, so der herrschaft
da wëre, vnser eigen guot zuo êwigen ziten wësen, und sy vns
als die vnsern gehorsam sin, vnd alles daz tuon söltent, daz sy
einer herrschaft getân hettent. Und das sy jetz darvff der fürst,
ob sy die bezâlung nit tättent, ir eiden, vnd daz sy dannenthin
vns sin söltent, erlassen sölt. Das ein guot besorgnusse wëre. Uf daz
mit inen geret wart, waz die summ werden möchte, die der fürst
vns geben sölte. Dartzuo sy rettent, sy hoftint, daz an $V^m$ oder
$VI^m$ guldin ze bringent. Da inen geantwurt wart, das daran nit
benüegen gehept wurde. Und ist so vil von inen verstanden worden,
das es, als wir hoffent, villicht an $X^m$ guldin brächt werden möchte.
Die von Bern wellent aber von deheinem gelt hören reden. Und
sy habint darvmb keinen gewalt, vnd wellent daz heim schriben,
vnd ie nun Waltzhuot haben, vnd sich noch darab nit bringen
lassen. Die botten habent ouch vnder einander ein fråg (ân die
von Bern) gehept, was summ gelts sy vordern wöltent. Ettlicher
wolt $V^m$, ettlicher $IX^m$, ettlicher $XI^m$, ettlicher $XX^m$ guldin vordern. Doch wërint die von Bern beliben, vnd hettint von gëlt
reden lassen, so wërint wir in hoffnung gewësen, das wir der summ
eins wërent worden. Und die von Bern sind ernstlichen gebëtten,
mit vns ze ziechent. So habent sy aber daz noch nit wellen tuon.
Und wart ein frag gehept, ob wir den vndertedingern vrlôb gëben,
oder waz wir fürer mit inen reden woltent. Da daz mêre wart,
mit inen ze redent, noch ze werbent, ob vns Waltzhuot in pfands
wîse werden möchte, oder waz die summ gelts sin, die vns dafür
gëben werden sölte. So wöltent wir daz, so vns von inen begegnet

wëre, ouch an die vnsern bringen, waz irs willens darinne würe. Und daz sy uns ein stund benamptint, wenn sy vff hüt ze Bern sin wöltent. So wöltent wir denn ouch da sin, vnd sy vernëmen, vnd sy vns ouch vernëmen lassen Und sint von einandern gescheiden, daz sy zuo dem widerteile vff hüt früo geritten sint, da ze suochent. Und daz sy vff hütt die XI stund ze Bern sin, vnd wir dahin ouch komen söllint, daz ouch wir tuon wellent. Wir hand ouch vff hütt früe vnser eidgnossen zuo vns berüeft, ân die von Bern, vnd mit inen gerett, vns mit einander zuo vnderredent, waz mit den von Bern ze redent wëre, daz wir zuo friden komen möchtent. Und habent die botten, einer dis, der ander daz gerett, als denn jeklicher willens in der sache ist. Und sunderlich Schiffmann mit sinen worten eben ruch gewesen, die von Bern von irem fürnëmen nit ze trëngent. Und habent daz heim ze bringent genommen. Waz sy in beuelhnusse dez gewunnen werdint, mögent wir nit wissen. So habent Oery vnd Sachs an den von Bern ouch nützit mögen vinden, denn daz sy vff dem wie obstât gen inen ouch beliben sint. Darvff wir Oerin by tag vnd nacht gen Bern hinvf geuertiget habent, in bevelhnisse, da ze werbent, den iren ze beuelhent, in dem velde inen vnd vns allen mit einer solichen êrlichen richtug die sach abwerchen ze lassent. Wölte es üch geuallen, so möchtint ir ouch fürderlichen dahin schicken. Oder hettint ir iemant, da ir getrüwen möchtent, das der an denen im velde ützit vinden möchte, das ir die herab schickint. Denn wir dehein volg an inen vinden mögent. Und was sich zuo friden ziechen möchte, daz ze fürdern. Darinne hettint wir ganz kein verdriessen. Und so die von Bern nit veruolgen wellent, verstand wir wol, an ettlichen örtern, daz sy nit vil lusts mêr ze stürmen haben wellint, vnd ettlich lustig wërint heim ze ziechent. Und von der ruowe der alten wegen, die wile wir in sölichen anslëgen mit stürmen vnd andern sachen sint, so wüstent wir die mit deheinem fuoge heim ze schikent. Wenn es aber fuoge haben wil, so sol das beshëchen. Und ist vns der cost wol so unlidig als üch. Es mag aber jetz anders nit sin. Gott welle vns ze ruowen helffen, als er täte, wöltent wir! Und herr von Costentz vnd die peyerischen räte kôment vff hütt mittag gen Clingnôw. Und haben sich lenger gesumpt, denn wir vns versechen hettint. Doch wir hettint vns tedingere gnuog, wöltint wir nu volgen. Geben vff samstag [vor Bartolomeien] die VIII stund vor mittag anno etc. LXVIII [1468. Aug. 20.]

## XV

### Sechster Bericht Montag vor Bartholomäus-Tag (22. Aug.) 1468.

Fürsichtigen etc. Üwer schriben, vns by Meyer zuogeschickt, habent wir gehört. Und als vnser herre von Costentz vnd die peyerischen räte vff den vergangnen tage gen Clingnòw kament, rittent die vorderigen tädings herrn zuo inen. Und sumptent sich da, das sy erst vff den abent zuo yns komen sind. Und brâcht hand von der von Schaffhûsen vnd Mülhûsen wegen, wie wir üch vor das geschriben hand. Und vmb costen vnd schaden vns allen. Das wëre an siben oder acht tusend guldin komen. Und gebetten, mit wortten zuo sölichem dienent, das vffzenement. Und warent vnser eidgnossen von Lucern, Schwitz vnd Zug botten heim gangen. Das nu die vnsern da gewarttet hattent, die mit vnser eidgnossen von Uri vnd Unterwalden botten die antwürt vernament. Und den vnsern beuolhen wart, das den jetz genanten vnsern eidgnossen ze sagent. Und das wir alle vff gester wider ˅mb die zehenden stund zuo Bern sin söltent, dartzuo den tädings herrn antwurt ze gebent. Als wir ouch darkomen sind. Und vnser eidgnossen von Bern gebetten hand, och by vns ze sinde, vnd mit vns ze ziehent, vor rätten vnd burgern. Ouch sy das an ir gemeinden brâcht habent. Und das nit tuon wöltent. Und ir antwürt gewesen ist: Das sy vssgeuertiget wërint, stett vnd schlösser ze gewinnent, vnd nit vmb gelt dar ze nëment. Und hettint des ouch deheinen gewalte. Und (vff vnser vordrig bite, iren herren heim ze schriben, was willens die sin wöltent vnd wërent) des botten wartent. Und als der bringen wurde, darvff wöltint sy vns denn antwurt geben. Und er këme vff hüt. Und das wir mit den tädingsherrn reden vnd sy bitten wöltent des ze erwarttent. Und liggent strenklichen darvff, söltent wir gelt nemen, das vns das mit êrlichen wëre, vnd vns das krank vnd vnforchtsam machte. Und wir habint mit inen geredt, gemeinlich oder sunderlich, was vns guot vnd fürderlichen bedücht hat. So sind sy doch by sölichem beliben, vnd nit wellen ir botten by vns haben, wenn geltz gedacht wart. Und als sy nit by vns beliben woltent, vnderrettent sich doch die andern botten, den tädingsherrn die antwurt ze gebent, das von Schaffhûsen vnd Millhûsen wegen, by irem bringen bestân ze lassent. Und vmb vnsern costen vnd schaden, da wurd ir gebrâchte summ nit genomen. Und das sy werben wöltint, vns zehen tusend guldin ze gebent. Und das Waltzhuot vnd der Swartzwald den beiden bischoflen Basel vnd Costentz ingeben werden sölte. Ob die bezalung vff das zite, daz benempt, nit bezalt wurde, das sy vns denn das alles ingeben söltent. Da die tädingsherrn dartzuo geredt habent, das sy wol wisstint, das ir herre sich des nit vnderwunde, ob joch das funden möcht werden, des sy sich doch nit versëhent. Und vns könde kûm ein bessre besorgnusse werden, denn das sy swürent, wie wir üch vorgeschriben habent. Und das wir es daby beliben lassen wöltent. Und vmb die summ des costens, die möchtent sy vmb kein sach am widerteil finden. Und kûm brëchtint sy das mit grosser nôt an zehen tusend guldin. Wöltint wir daran nit benügen habent, das wir denn von inen verguot hettint, so wöltint si sich heim füegen. Und als wir vns beider site starktint, vnd sich zwüschent vns wol etwas erheben möchte, wëre inen nit füglichen, mêre ze beliben. Und ir etlichen geschriben sich heim ze füegent. Darvff inen geantwürt wart: Als Diespach vnd Hassfurtter by herrn von Costentz vnd den peyerischen rätten gewesen warent, vnd die beleittet habent, vns fürgabent: Tättent wir gemach, (als denn von denen mit inen gerett wëre) das vns wol bessers gân möchte. Das sy sich vff hütt zuo herren von Costentz vnd den peyerischen rätten fügen, vnd die erkunnen vnd inen iren gewerbe ouch ze erkennen geben, vnd sich miteinander vnderreden wöltent, was denn das beste, das sich vff das kürtzest zuo friden ziehen möchte, für zenement gen vns beiden teilen wëre. Und das sy an dem widerteile fundint, vns das so erst sy kündent ze sagent. So wöltent wir denn dartzuo vnser antwürt geben. Und das sy noch das zitte an vns binden wöltent. Das sy vns zuogesagt habent. Und koment hüt zuo den andern. Und wenn wir wider zuo Bern sin sölint, ir fünden ze hörint, das wellent sy den von Friburg verkünden, vns allen denn das ze wissen ze tuonde. Also warttent wir. Und gienge vns wol gelück zuo handen, wurdent wir von vnsern eidgnossen von Bern nit daran geirrt. Und die andern örtter liggent alli mit vns vff dem friden, denn das ettliche an der summ ze uordern grösser dann wir sind, vnd ouch die von Unterwalden die von Rapperswil, den koler vnd den brandschatz im Rintal anziehent. Möchtent aber wir nu mit der summ des costens eins werden, getrüwtint wir, das vns sölichs nit irren wurde. So hand wir zuo der grossen büchsen debeinen stein, ouch ganz kein bulffer. Und ouch zuo den schirmbrecherinen keinen plyinen klotz mêr. Und sind geordnet mit der grossen büchsen

an den kilchturn ze schiessent, vnd mit der schirmbrecherin in ein
thor, daraus sy iren wandel habent, vnd den vinden vil abgebrochen
werden möchte. Das wir, ân das so dartzuo gehört, nit tuon lassen
mögent Und so wir nit schiessent, so ist in allem volk ein gross
geschrey über vns, wir tüegent nützit. Und vnsere eidgnossen von
Bern schiessent redlich, vnd gewinnent damit das geschrey vnd das
lob. Darvmb ir vns fürderlichen stein zuo der grossen büchsen,
klötz zuo der schirmbrecherinen vnd bulffer schicken wöllint, mit
ladungen oder sacken so dartzuo gehört. Und wir kunnent zuo
Clingnôw oder ze Baden keinen stein machen lassen. Haben dartzuo
weder steinheüer oder meister, vnd der die stein suocht. So wirt
ir wol so vil funden, als wir notdurfftig sind. Und wird vns von
üch das nit geschickt, so ligent wir vnnutzlich müessig, vnd gewinnent vnlôb vnd vnwillen. Wellent ir, so sind üch vnd vns des
vôr. So schickent vns ouch gelt, won wir deheins mêr habent.
Und vmb die blyinen klötz, so ir meinent mit der von Bern steinen
herab geschickt ze habend, ist wol ein truck, mit steinen darinne
vns komen, vnd dehein plyiner klotz dagewesen. Und vff üwer
schriben hand wir an dem werchmeister zuo Bern erfâren lassen,
ob er ützit vmb die klötz wisse. Der darvmb nützit wissen vnd
nit gichtig sin wil, das im Bullinger ützit heuolhen hat. Wol sye
in dem schiff ein truckly gewesen. Was darinne gesin, oder war
das komen sye, wisse er nit. Und wir mögint in dem schiff suochen
lassen. Das wir auch beuolhen hand. Und ist in dem lëdly ouch
dehein büchsen bulffer gewesen. Und was wir fürer vernement,
üch notdurfftig ze wissen, wellent wir üch wissen lassen. Und
vff die vordrigen nacht sind ettlich vnser eidgnossen von Lutzern,
Switz, Glarus vnd Appenzelle gen Bondorf gezogen, habent da
XIIII erstochen vnd XXVI gefangen, das dorff zuo guotter mâsse
verbrënnt, vnd ob CCCC houpt viches da genomen, vnd XX wägen
vnd kerren da hussrâth geladen vnd brâcht. Und sind inen ettlich
der vnsern vnd von Zug nachgezogen, da sy inen verkuntent, vnd
an der widerfart zuo inen komen. Und als wir von den vnsern
vernemen, das sy geylt wurdent. Wërent die vnsern nit zuo inen
komen, so möchtint sy nit wol das alles mit gnossamy darum brâcht
haben. Gëben vff mentag vor sant Bartholomeus tag, in der eilfften
stund vormittag, anno MCCCCLXVIII°.

     Houptman, vënner vnd rät, so von üch zuo
     Waltzhuot zuo vëlde ligent.

Den fürsichtigen etc.

# XVIII

## Siebenter Bericht vom Mittwoch den 24. August.

Fürsichtigen etc. Wie es sich bis vff den vergangnen tag nach vnserm letsten schriben, bis Stoffel von vns gescheiden ist, gemacht hat, habent ir von Stoffel wol vernomen, dem an üch ze sagen von vns beuolhen ist. Und vff gester ze mittem tage sind vnser botten mit andern der eidgnossen botten gen Bern komen. Und hand vnser eidgnossen von Bern aber ernstlich vnd flissenklichen gebetten, wie sy sich für sy gemechtiget hettint, in der sache mit inen ze ziechent, das sy das daby beliben lassen. Und ir botten nu inen ordnen wöltint, mit den tädingsherrn fürer von den sachen helfen ze redent, wie das alles ze beslusse brâcht werden möchte. Und in dem kam den von Bern ir bott, mit der antwurt von Bern. So schikt vns auch Öry by im ein zedel, wie es vff sunntag zuo Bern vor dem kleinen rât, vnd vff mëntag vor dem grossen rât gewesen wëre. Und vor inen gerett, waz er von uns in beuelhnusse gehept, vnd sy das gebetten hett. Und im ze antwurt geben hettint, ir wiseren vnd mächtigeren wërint in dem vëlde. Denen wöltint sy in der sache, waz sy bedüchte daz best sin ze tuonde, vollen gewalt gëben. Und der gemein man lëge vast darvff, Waltzhuot ze gewünnent. Und als die von Bern im veld rüte, burgern vnd houptlüte aller der iren mit der von Solotern vnd Friburg räten eben lang vff vnser anbringen gerattslaget hand, ist vns aber von inen mit vil worten fürgehept, wie êrlich vns allen wëre, Waltzhuot ze gewünnent. Und das wir mit inen noch daran sin wöltint, den von Waltzhuot das bolwerch abzegewünnent, daz sy nit reden möchtint, sy hettint vns einen zûn vorgehalten. Oder aber einen zug an der vinden letzinen ze tuonde, sy da ze erstechent. Daz wir doch nit also vngeschaffet abzugint. Wölte aber daz unsers willens nit sin, so hettint sy noch ir vordern den eidgnossen nie unzit abgezogen, vnd wöltint inen noch nichtzit abziechen, vnd mit inen in der sache ouch ziechen, vnd ir botten dartzuo ordnen, mit vns die sachen helfen fürzenëmen. Und das wir daran sin wöltint, daz den von Mülhûsen nach ir notdurfft ouch besheche, als sy die in ir vintschaft angezogen hettint. Und das inen die XI$^m$ guldin von Louffenburg wëgen ouch gëben wurdint. Also habent wir inen das bolwerch ze gewunent, vnd au die letzy ze ziechent mit dem besten fuoge abgeslagen. Und gerett, in die sache mit den tädingsherrn ze gânde, wie die, vff daz fürgeben von inen vns beshechen, ze beslusse ze bringent wëre. Und was wir den von Mülhûsen vnd inen beschiessen möchtint, das wöltint wir gern tuon. Und sunderlich woltent die von Bern mit vns eidgnossen nit in die sache gan. wir versprëchint inen denn alle, by vnsern êren vnd guoten trüwen, by inen mit den vnsern, so wir alle im vëlde hettint, ze belibent, vnd darus nit ze koment, bis die sachen ëntlichen beslossen wurdint. Daz wir inen im besten zuogesagt hand. Und darvff wir alle zuo den tädingsherrn komen sint. Und die an vns begërt habent, einen fride zwüschent vns vnd denen in der statt Waltzhuot sy machen ze lassent, daz sy in die statt komen vnd mit inen gereden möchtint, daz sy in heuelhnusse hettint. Das inen vergunt wart. Und schicktent einen knecht zuo der statt, den fride ze suochent. Sy woltent aber deheinen friden vfnëmen, vnd wol den tädingsherrn gunnen, zuo inen ze koment Die ouch zuo inen gen Waltzhuot rittent bis zwüschent das tôr. Fürer in die statt sy die nit lassen woltent. Und da sy mit inen rettent, meintent sy inen nit ze gelôbent, inen wurde denn von iren herrn bottschaft des zuogeschikt. Und daz wir von inen einen botten zuo iren herren lassen wöltint, oder von iren herren inen ein bott zuogeschikt wurde. Und sy hettint inen eins friden veruolget von nëchtit der sunnen vndergang bis vff hütt ouch der sunnen vndergang. Doch daz die unsern über ir wêrinen hinin nit giengent, vnd die iren (nit) über die vnsern herus. Vnd wer daz nit hielte, daz wir vnd sy zuo den schiessen möchtint. Da den von Waltzhuot gegunnen wart: Wöltint sy an einem offen Briefe, inen von iren herrn zuogeschikent (das vns gnuog sin bedüchte) nit benüegen haben, so sölte inen gunnen werden, vndan hervf eins botten zuo inen ënhalb Rins ze koment, mit iren botten in vnser botten bywesen ze redent. Und der fride ouch also nu gen denen in der statt vfgenomen ist. Und vff hütt die sibenden stund koment die vndertädinger vnd vnser botten ze Bern zesamen, in die sache, die ze besliessent, ze gânde. Dâ vns gott die gnad tuon welle, daz es beschëchen möge. Denn da wil vil sachen ingezogen werden, das es sich darvmb verziechen wirt, vnd nit als schnell zuo besluss brâcht werden mag. Und in dem die tädingsherrn gen Waltzhuot rittent, schussent sy zuo den vnsern vast, vnd die vnsern zuo inen, bis zuo angange des friden. Und als wir vor den von Bern warent, kamen inen von dem tariss bottschaft, daz die vind über den tariss in komen, vnd der iren etlich da erstochen vnd übel gewundet hettint. Darab sy rôch wurdent, daz wir besorgent, daz sy vns dester minder veruolgen wurdint. Und einer derselben ist tôd, vnd ligent iro noch vier übel wund. So sint vns vff mëntag in vnserm tariss Hans Meis vnd Ebly eins schutzes mit einer büchsen übel geschossen worden, daz wir Eblys besorgent. Und doch in Hoffnung sint, sy werdint beid genêsen. Und wir habent der Fulacher nit vergessen, vnd sy mit namen in der von Schaffhûsen sach gezogen. Und wellent wägen, kâren vnd ross bestellen lassen, wenn wir schribint, daz ir die tage vnd nacht herab schikint, üwern züge vnd daz üwer heim ze füerent. Und wie vil das sin werde, wellent wir überslachen, vnd üch daz fürderlichen wissen lassen, das ir dar nach geschiken konint. Und wie wir die sache gefürdern mögent, darinne wil vns nützit verdriessen. Ouch lieben herrn, um die getrüwen vnverdrossnen willigen dienst, die vns Rüedy Wüest tag vnd nacht tuot, die so gross sint, daz vnmuglichen ist, das sölichs dehein einiger mentsch erzügen oder erliden mag, habent wir im zuogesagt, ob die sachen zuo richtung beslossen werdent (als ob gott wil beschicht) das er üch denn das bottenbrot angewunnen, vnd er damit begabet werden sol. Darvmb ob jemant vor im käme, daz bottenbrot ze vorlernt, so kèrent üch nützit daran, vnd gebent nieman nützit, bis Rüedy Wüest kumpt, vnd üch die wâren sache bringt. Und begabent denn den nach sinem wolverdienen. Geben vff sant Bartholomeus tag vmb die VIII stund vor mitag anno etc. LXVIII.

## Achter Bericht vom Dienstag den 25. August.

Fürsichtigen etc. Als üwer wisheit wir vff gestern geschriben habent, das vnser vnd vnser eidgnossen botten aber gen Bern zuo den tädingsherren wöltent, sint sy dar komen, vnd habent da den tädingsherren geantwurt. Umb die X$^m$ guldin, vnser aller costens, daz vns die vff jetz liechtmisse bezalt werden söltent, etc. Und von der von Schaffhûsen wegen, wo by das beliben möchte, als wir üch daz vôr geschriben hand. Denn, daz darüber entweder teile dem andern vmb costen ald ander sachen eins rèchten, vnd es damit irhalben gericht sin sölte. Und inen von Mülhûsen vnd sundrer personen wegen ouch fürgeslagen, wie wir meintent, das es abgetragen vnd gericht möchte werden. Und sunderlich von eins usstrēgenlichern rechten. Denn, nach wisung des fünfzig jërigen friden, vnd vff die form: Was deweder teile oder die sinen an einander zuo sprëchen hettent, oder gewunnent, daz wir darvmb einander eins rechten wërent, vor burgermeister vnd rüten der stetten einer: Costentz, Überlingen vnd Lindôw, welcher der eine ie der ansprëchig wölte. Und das dâ gesprochen, daz ouch denn dem nachgegangen wurde. Das die tüdingsherren an dem widerteile fürderlichen bracht haben woltent. Da warent die vind durch die lezy gen Bern, Ure vnd Underwalden gezogen, die füttrer ze schadigent, daz vnser eidgnossen von Bern eben vil lüten, den finten nach, sy ze entschüttent, schicktent. Und zugent Ure vnd Unterwalden mit iren panern zuo. Und was da ein vnruowe, daz es vns eben vast an dem tagen irrte, vnd die tüdingsherren etwan vffenthalten wurdent. Und ist den von Bern einer wund worden, vnd einer ze ross geuangen. So habent sy der vinden vier ze fuoss erstochen, vnd einen geuangen. Der seit, daz by M. fuossknechten vnd by III[c] pferten da an der letzy tags wërint. Und nachts rittint die reissigen gen Louffenburg. Und als der gruttel zergieng, ritten die tädingsherren zuo der widerpartye, vnd kament vff den abent wider gen Bern. Und rettent, es hette sich also verspät, daz sy die sachen nit hettint mögen anbringen. Und von einem friden geret hütt diss tage von sunnenvffgange bis iro vndergange, der stat, vnsern herrn, vnd denen an den letzinen. Und daz wir vff hütt die VII stund ze Togern by der kilchen (ist vnder der von Bern lager) sin wöltent. So käme der widerteile darvnder in einer wisen. So wöltent sy da ir anbringen tuon, vnd denn fürer in dis sachen gân. Dahin ouch vnser aller botten koment. Und was vns da begegnen wirt, daz wellent wir üch fürderlich wissen lassen. Und wir habent einen anslâge getân, ob sich vff hütt die sachen nit zuo richtungen ziechen wöltent vff den Swartzwald gen die letzinen mit III[m] mannen ze ziechent, ob wir jendert an einen huffen lüten, den nider ze legent, komen, vnd damit die vind forchtsamer, denn sy noch sint, machen möchtent. Der summ wir V[e] haben söllent. Bis zuo ende des zugs wir aber der vnsern keinen heim lassen könnent. Denn mit dem halb teile wëre vns ze lützel. By üwer statt êre vnd müge daz ze verhüttent. Als wir ënent Rins ouch I[c] [man] ligent hand. Und wie vnd wo mit üwern büchsen vnd züge heim ze bringent ist, vnd wo ir die wägen finden möchtent, werdent ir an dem zedel harinne vernëmen. Daz ir also nu rüsten lassen mögent, ob wir darnach schicktint, daz ir das tage vnd nachte vns zuo schickint. Geben vff Donrstag nach Bartholomeyen vmb die VII vor mittage anno etc. LXVIII.

## XXII

### Neunter Bericht, Freitag nach St. Bartholomäustag (26. August) 1468.

Fürsichtigen etc. Also vff gester vormittag vmb die achtenden stund sind wir botten alle gen Togern zuo der kilchen zuo den tädingsherrn vnd ettlicher des widerteils rütten, vnd mit namen herr Jacoben Trappen hoffmeister, komen. Und habent da die tädingsherren (zuo denen der von Nüremberg bott ouch komen was, vnd sich vast erbotten hat helffen zuo disen sachen zuo redent, daz die zuo guottem vnd richtunge brächt werden möchtint) vns vff vnser vordrungen, die wir getân, vnd die sy an den widerteile brächt, antwürt geben, wie sy das funden hettent, oder hofftent zuo findent. Und sundern personen ansprachen vast in den XV järigen friden, das die billichen daby bestân söltent, gezogen. Und ernstlichen gebetten, iren fürgenomen wegen ze verfolgent, damit wir beid teile zuo friden vnd grosses costens, darinne wir wërent, ab werden möchtent. Da wir botten vns alle einhellenklich mit einander vereint habent, inen vmb alle stuck antwurt ze gebent, wie wir ein richtung vffnëmen wöltent, vnd anders nit, darvmb das wir ab den sachen komen möchtent Und sy hettent gern vmb ettliche stuck ein bestand gemacht bis vff jetz wiennëchten, vnd da zwüschent ein früntlichen tage ze leistent, ob die betragen vnd es alles zuo einer ewigen richtung brächt werden möchte. Den bestand wir inen abschluogent, vnd meintent, vmb das wir vsskomen wërint, ein richtung also ze habent. Von Schaffhûsen vnd Fûlachen wegen darin gezogen, wie ir das vor von vns vernomen hand. Und vmb Mülhûsen, das die widervmb zuo iren fryen märkten këment, vnd inen vnuerbotten fryer kouff zuo gegangen gelassen wurdent. Und sy aller vergangnen sachen âne engeltnusse hin für beliben söltent. Und möchtent sy vmb iren gelittnen costen vnd schaden den fürsten ansprach nit vertragen das er inen eins rechten sin sölte vor marggrâf Ruodolfen von Hochberg. Und ob er inen da mit rëcht ze tuonde wurde, inen das gëben. Und daz vns für vnser aller costen die X$^m$ gulden vff sant Johanistag ze Sunngichten nëchst komet geben werden, oder aber wir darnach zuo Waltzhuot, Hôwenstein vnd dem Swartzwalde da für komen söltent, wie wir üch das vor ouch geschriben hand. Und das vns des keisers gebott vnd ladungen vnd vnsers heiligen vatters des pâbsts püne, [die er] vff den fünfjärigen friden, zuo

Nüremberg gemacht, gesetzt hette, das alles abgenemen werden, daz wir des jetz vnd künfftenklich in dehein beswër vnd bekümbernusse komen möchtent. Und was wir alle vor vnd jetz ingenomen hettent, das wir das beheben wöltent. Und das gotzhüsern, spitälen, ob denen ützit genomen wëre, widergeben werden sölte. Und das die von Rappreswil, den XV jërigen friden vs. ôch vnbekümbert vnd vnangeuordert beliben söltent. Und das ander sunder personen ir sachen nach des fünftzig vnd fünftzehen järigen friden zöigung möchtent fürnëmen. Und als der kriege darvmb sich erhept hett, daz der fünftzehen järig fride an den von Schaffhûsen vnd vns nit gehalten worden wëre, das er denn nu aber by dem selben friden beliben sölte. Und darvff gericht dis sachen, vnd todschlëg, nemen vnd brand ab sin söltent etc. Das die tädingsherren an den widerteile das also vffzenement brachtent. Des der Trapp, als sy vns fürgabent, nit meint gewalt ze habent, vnd begërt, in das hindersich an den fürsten, der in einer nëchy wëre, vnd ander sin räte bringen ze lassent, vnd vff hütt dartzuo antwürt ze gebent. Das wir inen abschluogent, vnd von stund an meintent, darvmb antwürt ze habent. Des er nit gewalt haben vnd je nun das hinder sich bringen wolt. Und darvff wir von den tädingsherren ernstlichen gebëtten wurdent, dis tage einen friden wie vor machen, vnd die sache hindersich bringen ze lassent. So sölte vns vff hüt die VIII stund fürgeantwürt werden. Und darinne wëre dehein geuërde. Und wöltint souil dartzuo reden vnd sölichen ernste vnd flisse brûchen, das sy in vnzwiuenlicher hoffnung wërint, es wurde betragen. Wir meintent nit gewalt ze habent fürer deheinen friden vffzenement. Des hertzogen vnd der von Nüremberg botten rettent mit vnsern vnd der von Bern botten sunderlich, das wir daran sin wöltent, das der friden verfolget wurde. Denn darinne dehein geuërde noch vffsatze denn allein das wëre, das die sache bestantlichen beschlossen werden möchte. Des sich der Trapp allein vmb kein sach annëmen wölte. Und was ir ernst vast gross. Wir sluogent inen das ab, vnd rettent: Es wëre für beid teile, das es fürderlichen zuo gesagt wurde, daz anders darin nit rise. Es mocht an Trappen nit funden werden, das allein ze tuonde, vnd er wölte im lieber sin beid hände abhowen lassen. Und macht sich, das die tädingsherren zuo allen herren rittent, vnd sy batten, des friden ze verfolgent diss tage, vnd der antwürtt vff die VIII stund früe ze erwarttent, das sy funden habent. Und darvff wir botten alle aber vff hüt an das obgenant ende koment,

## XXIV

die antwürt ze vernëment, vnd denn ze beschliessen, ob die also ist, fürer in dis sache ze gânde. Lieben herren. Wie wir üch geschriben habent, das ir üwer büchsen vnd gezüge heim vertigen mögint, also wellent das fürderlichen (ob das noch nit beschechen wëre) zuo rüsten lassen, ob die richtung fürgang nëme, als wir in guoter hoffnung sind beschechen werde. Und wir denn darnach schickint, das vns das fürderlichen by tage vnd nacht herabgeschickt werde, daz wir des mit so grossen costen nit warten müessint. Gëben vff fritag nach sant Bartholomeus tag vmb die VII stund vor mitag anno MCCCCLXVIII°.

Houptmann, vënner vnd räte, so von üch vor Waltzhuot zuo vëlde ligent.

---

p. VI. lies „1468" statt: „1848."